Lukas Bärfuss

Meienbergs Tod
Die sexuellen Neurosen unserer Eltern
Der Bus

Stücke

WALLSTEIN VERLAG

INHALT

Meienbergs Tod
7

Die sexuellen Neurosen unserer Eltern
71

Der Bus
(Das Zeug einer Heiligen)
129

für Kaa, immer

Meienbergs Tod
Eine Groteske

Hans
Daniel
Karl   *Schauspieler*
Thomas

Ruth
Eva   *Schauspielerinnen*
Hella

Verschiedene episodische Rollen: der General, der Stallbesitzer, der Journalist, der chilenische Dichter, der schweizer Dichter, die beiden Germanisten, das Pferd, die Mutter.

Ort: Die Bühne eines Theaters
Zeit: Gegenwart

Mitarbeit: Samuel Schwarz

115 MINUTEN VOR ENDE DER VORSTELLUNG

dreht Hans das Licht an. Man erkennt die leere Bühne, in deren Mitte eine Uhr hängt, die sofort von 115 gegen Null zu laufen beginnt. Die Schauspielerinnen haben sich zu einem Chor aufgestellt. Hans reiht sich eilig ein.

CHOR
Hochverehrtes Publikum!
Sie sind gekommen um
heute abend den Tod des Journalisten
Meienberg zu sehen anhand
einiger Szenen von denen man annimmt
sie seien gegriffen aus seinem Leben. So
nämlich fehlt unsere Kunst, den Tod
vermögen wir nur zu zeigen durch das Leben
das ihm voranging. Wer blicken will
in das Feuer der Sonne braucht das
kleinere Feuer der Kerze um
den Spiegel zu schwärzen. So
schwach sind unsere Augen, das Bild
ertragen sie nur rußig und in den Seiten verkehrt.
Ein Leben aus so alter Zeit zeigen wir
daß wir nicht mehr wissen
ist die Geschichte auch wahr oder etwa erfunden
von einem aus Langeweile oder Absicht.
Früher war das Leben eine Mühsal,
so zeigen wir ein Leben aus Mühsal.
Er wurde geboren in einem Jahr
da alle glaubten der Krieg
der in der Welt war komme auch in die Heimat
denn Teil dieser Welt war doch die Heimat.
Doch der Krieg kam nicht und als er
dann aus der Welt war warteten sie noch immer.
Was nie begonnen hat kann auch nicht enden.

Der Krieg endete nicht für den Menschen.
Meienberg aber saß in den Kirchen, liebte
das Herz Jesulein und haßte
wer die Heimat nicht liebte.
In all seinen Zimmern
fehlte der Vater und die Mutter erschien.
Früh lehrte sie ihn, die Gerechtigkeit
herrsche im Himmel. Der Dummkopf
suchte nach ihr auf Erden.
So war er im Krieg.
Und hatte keinen Vater. Die Mutter
gab ihren Sohn den Mönchen zur
Schule. Wie strebsam er war, fern
von der Heimat, wie fleißig im
Unterricht und wie folgsam er
den Kopf senkte unter die Dogmen der
alleinseligmachenden Kirche. Er
fühlte sich als Krieger, geboren zu
kämpfen wider die Sünder
vor dem Herrn. Er wußte was
recht war. Er denunzierte Homo-
sexuelle und Kommunisten in
Artikeln und Briefen mit einem
Eifer, der auffiel den Kriegern.
Das war sein Leben bis zwanzig.
Was tat er sonst noch bis zwanzig?
Die neueste Geschichte studierte er
an der Universität. Was
tat er sonst noch bis zwanzig?
Er lernte reiten. Sonst
tat er nichts.

1964, FREIBURG, SCHWEIZ

Eine grüne Wiese zur Zeit der Kirschblüte. Meienberg reitet auf einem Pferd. Das Pferd will nicht. Meienberg traktiert es mit der Reitgerte. Dem Boden entsteigen ein General und ein Stallbesitzer, beide halb verwest.

GENERAL Der Junge reitet wie ein Gardeoffizier. Er ist die größte Hoffnung seit dreiundvierzig. Die größte Hoffnung seit dem jungen de Diessbach.

STALLBESITZER Ihr Gardeoffizier reitet mir das Pferd kaputt, Herr General. Er hat mir schon ein Pferd kaputtgeritten. Ich mußte es zum Metzger bringen.

GENERAL Darüber hat er sich beklagt.

STALLBESITZER Hat er das. Es verwundert mich nicht. Das ist die Bürolistenbrut. Die kann nicht anders als sich beklagen.

GENERAL Das mit den Hufen hätten Sie ihm ersparen können.

STALLBESITZER Das ist die Tradition, Herr General. Wissen Sie, ich habe in meinem Leben an die dreißig Stuten besessen. Alle habe ich zum Metzger gebracht, als der Tag gekommen war, und von allen habe ich die vier Hufe behalten und zurück in den Stall gestellt als Andenken.

GENERAL Er wird trübsinnig, wenn er nicht reiten kann. Es ist nicht gut, wenn die Hoffnung vergrämt.

STALLBESITZER Ich werde die Tradition nicht ändern wegen der Bürolistenbrut.

Meienberg ist abgestiegen. Er traktiert das Pferd weiter.

GENERAL Er ist ein guter Katholik.

STALLBESITZER Ich scheiß Ihnen was auf die Konfession. Er macht mir das Gestüt kaputt.

Schweigen.

Ich werde ihm ein Schwein zu reiten geben. Er wird es nicht merken.

GENERAL *beachtet ihn nicht:* Er reitet durch in seinen guten Stiefeln.

Ein schwacher Rücken! Der Regimentsarzt, der ihn untauglich schrieb, gehört erschossen.

STALLBESITZER Ich kenne nur den Rücken meiner Stute. Er ist blutig, wenn er sie nach Hause bringt.

GENERAL Er ist eine Kriegernatur. Wie der junge de Diessbach. Der hatte ebensolche Stiefel.

STALLBESITZER Der junge de Diessbach fuhr vierzig auf einen Ausflug in die SS, soviel ich weiß.

GENERAL Davon verstehen Sie nichts.

STALLBESITZER Das ist Landesverrat, soviel ich weiß.

GENERAL Sie haben etwas an Ihrem Zahn. *Er reißt dem Stallbesitzer einen Zahn aus.*

STALLBESITZER Das ist, weil mir die Vitamine fehlen. Das ist, weil ich mir nichts leisten kann. Ihr Gardeoffizier *(zeigt auf Meienberg)* hat mir seit drei Wochen den Hafer nicht bezahlt.

Er habe selbst nichts zu fressen. Interessiert es mich, was der Bürolist frißt?

GENERAL *schweigt.* Jetzt geben wir ihn drei Wochen den Dominikanern, in die Exerzitien. Dann darf er zu den Negern nach Angola. Gegen die Volksfront. Wenn der Krieg nicht zu uns kommt, dann müssen wir eben zu dem Krieg hingehen.

CHOR
Er fährt nicht nach Angola, der Krieger
erobert Paris. Das brennt zu jener Zeit. Es ist
der Sommer achtundsechzig. Viel Krieg
findet er da. Er schreibt darüber. Den
Zeitungen in der Heimat berichtet er vom Zorn
der Studenten, von den Huren
in seiner Straße und den Sorgen der Juden, die
Aschkenasim mögen keine Sephardim, keiner
mag die Araber, und zu Jom Kippur gibts Krieg.

Der Redaktor zu Zürich denkt:
Gut schreibt der Junge. Soviel Atmosphäre.
Er geht hin. Er ist dabei, doch steckt er

nicht drin. Er hat Distanz. Aus ihm kann
etwas werden, denn er hört zu.

Er hört vom Unrecht. Er hört den Pfarrer:
Ich habe die Pflicht, Leute zu begraben. Ich habe Christian
begraben, er war Arbeiter, fiel vom dritten Stock des
Neubaus. Jean-Pierre, dreißig, sieben
Meter haben bei ihm gereicht. Maurice fiel
vom Gerüst. Courchinoux, von einem Karren
erdrückt in der Fabrik. Ein Algerier durch Strom
getötet auf dem Bauplatz. Mit achtundfünfzig
Jahren starb Martin nach fünfundzwanzig Jahren
Staublunge. Das waren fünfundzwanzig Jahre
Hundeleben. Ich besuche die Spitäler. Lariboisière
Laënnec. Da liegen die aus den Gießereien. Sie
haben alle kaputte Füße von den Buntmetallen.
In jener Gegend kommen auf einen Mann
über sechzig fünfundzwanzig Frauen. Man stirbt hier
zwischen vierzig und fünfzig. Wenn die Bidonville einem
Supermarkt im Weg steht, kommt die Polizei
Sonntagnachmittag, wenn's keiner sieht. Und abends
steht kein Bidonville mehr. Wer kann etwas dagegen haben. Wer
liebt die Bidonville, wer haßt den Supermarkt?
Diesen Menschen gibt es nicht.

Zu Zürich denkt der Redaktor:
Gut schreibt der Junge. Er geht hin. Er ist
dabei, doch manchmal steckt er zu sehr drin.
Etwas mehr Distanz. Ich werde kürzen, damit er sauber bleibt
und aus dem Jungen, der so gut hört,
auch wirklich etwas wird.

Er will es hören. Er hört den Maler:
Ich bekenne: Ich gehörte zur Kulturbourgeoisie. Ich verkaufte der Industrie meine Leinwände. Es brauchte
Mai achtundsechzig, um aus mir einen Revolutionär zu
machen. Die Bürger schreien mich nun Betrüger. Es

schmerzt sie der Klassenverrat. Da ich in meiner Revolte
nicht nach Katmandu fuhr in das Kloster
und nicht in die Klinik im Grünen, stellen sie mich vor die
verschimmelten Schranken ihrer Gerichte.
Die blinde Marianne dulden sie nur aus Gips. Mich
dulden sie nur tot. Der politische Kampf, mon ami,
ist eben kein Galadiner.

Er begreift die Kategorien. Gerechtigkeit
ist eine Kategorie und Solidarität
ist eine Kategorie. Er schult sein Bewußtsein
für die eigene Klasse und schenkt sein Herz
der Tochter spanischer Antifaschisten im Exil.
Die Haltbarkeit der Barrikaden studiert er.
Die in der Rue Rivoli von achtzehnhundert-
einundsiebzig war errichtet in drei Viertelstunden.
Er sieht sich als Kommunarde, wie ihm
unter den Kartätschen rot die Brust erblüht.
Topographisch untersucht er das Pflaster. Es liegt
in feinem Sand aus der Normandie. Den Lehrsatz:
Den Bürger soll man mit dem Kopfe
auf das Pflaster schlagen, entwickelt er
nach dialektischer Methode:
Wenn der Bürger nicht zum Pflaster komme, so lasset
das Pflaster zum Bürger gehen. Er fühlt sich gut.
Endlich ist Krieg.

Zu Zürich denkt der Redaktor.
Wo ist der Junge, der so gut schreibt? Nur noch
Polemik. Keine Distanz. Über die Revolte
sollte er berichten und nicht selbst revoltieren.
Ich werde dies nicht bringen. Jetzt steckt er drin.
Soll er doch stecken. Aus dem Jungen wird
ohnehin nichts werden.

100 MINUTEN VOR ENDE DER VORSTELLUNG
verläßt Daniel plötzlich das Spiel.

DANIEL Schluß! Aus! Genug Didaktik!
Soll ein anderer diesen Meienberg spielen. Oft genug bin ich in dieser Rolle verschwunden. Es ist unergiebig. Frustierend. Zermürbend. Und zudem schlecht bezahlt.
RUTH Jetzt ist es also passiert.
HANS Ich habe es erwartet.
KARL Man hat es kommen sehen.
HELLA Es wird gespielt, nicht diskutiert!
DANIEL Unser Spiel ist wirkungslos.
THOMAS *zu Daniel, vorwurfsvoll:* Unsere Arbeit zeigt sehr wohl Wirkung.
DANIEL Vor allem an uns.
Wir werden immer dünner.
EVA Immerhin spielten wir letzte Woche in Deutschland!
DANIEL *spöttisch:* In Deutschland!
In Paderborn.
HELLA Jetzt fang nicht wieder damit an.
DANIEL Es ist ein Scheißkaff.
HANS Sag das nicht. Im Stadtpark blühen wundervolle Rosen.
DANIEL *Hans ins Gesicht:* Paderborn ist ein gottloses Scheißkaff.
EVA Das ist illoyal.
Die Stadt hat uns eingeladen.
DANIEL Sie haben uns abgezogen.
Und keiner von euch Duckmäusern hat etwas zu sagen gewagt. Das heißt, in der Garderobe habt ihr das Maul verrissen, von Ausbeutung und Vetternwirtschaft auf dem Buckel der Schauspieler gesprochen, aber im Fahrstuhl in die sechste Etage stand ich dann alleine, und auf der Petition in meiner Hand war genau eine Unterschrift, und zwar meine eigene. Feine Kollegen!

Karl Petitionen! So etwas Unzeitgemäßes!
Thomas Mit solchen Aktionen schadet man am Ende nur sich selbst.
Hella Also, diese Diskussion führen wir jetzt nicht.
Daniel Doch, diese Diskussion führen wir jetzt.
Hella Wir haben Vorstellung.
Schweigen.
Und überdies wurden wir sehr wohl bezahlt.
Daniel So etwas nennst du Bezahlung.
Thomas Das Essen war gut.
Daniel Zwiebelsuppe mit Brot.
Karl Immer geht's dir ums Fressen.
Daniel Um was sonst?
Karl Um die Kunst.
Daniel Um die Kunst!
Sobald ich wieder etwas zu scheißen habe, putze ich mir den Arsch ab mit deiner Kunst.
Karl Laß das!
Daniel *bedrohlich:* So?
Karl Ich bin friedliebend.
Daniel *schlägt Karl die Faust ins Gesicht. Tumult. Die anderen feuern die beiden eine Weile an, dann wird Thomas plötzlich wieder des Publikums gewahr.*
Hella Was wird man nur von uns denken!
Und zudem läuft die Zeit ab.
Daniel und Karl lassen voneinander ab. Die Schauspieler stehen eine Weile ratlos.
Meldet sich jemand freiwillig?
Es geht immerhin um die Hauptrolle.
Ruth Ich würde es tun.
Das wißt ihr.
Aber ich bin nicht in Stimmung.
Hans Mir geht es genauso.
Ruth Da geht ihr doch mit mir einig, daß man in Stimmung sein muß, nicht wahr, damit man hineinkommt in den Meienberg.

HANS Absolut.
RUTH Sonst bleibt dieser Tod irgendwie blaß, nicht wahr, kriegt kein Profil, ein solcher Tod, so ohne Stimmung. Rein künstlerisch, meine ich.
THOMAS Ganz meine Meinung.
RUTH Wir sind schließlich professionell.
Schweigen.
Dann blicken alle Hans an.
HANS Ich kann nicht. Ich kann diesen Meienberg nicht spielen. Ich dachte, dies sei klar.
Schweigen.
Ich habe Angst.
HELLA Was hat er gesagt?
EVA Er hat Angst.
HELLA Angst ist gut. Das Publikum mag Angst.
HANS Ich versteife mich, wenn ich Angst habe.
HELLA Was hat er gesagt?
EVA Er versteift sich.
HANS Ich werde starr. Wie eine Dörrbohne.
HELLA Wie?
EVA Er wird starr.
HELLA Ah ja, starr, starr ist fantastisch!
Starr paßt!
Starr nehmen wir!
HANS *weinerlich:* Ich bitte euch.
Wir hatten es ausgemacht.
Zu Daniel: Hilf mir, ich bitte dich!
Ich will nicht sterben.
DANIEL Niemand will sterben.
HANS Ich habe der Welt noch soviel zu geben.
DANIEL Nur keine Selbstüberschätzung.
HELLA *ungeduldig:* Wenn wir vielleicht könnten.
Das Publikum wartet und die Zeit rennt uns davon.
HANS Jetzt muß ich sterben.
Verzweifelt: Dabei hatte ich Ideale.
HELLA Es ist immer erhebend, Ideale sterben zu sehen.

DANIEL *horcht auf.* Du hattest Ideale?
HANS Natürlich!
  Große Ideale!
HELLA Was hat er gesagt?
DANIEL *zu Hella:* Wir sollten es uns noch einmal überlegen.
HELLA Wozu?
DANIEL Dient doch keinem, wenn er starr ist.
HELLA Ein bißchen starr wäre aber gut.
DANIEL Ein bißchen starr vielleicht schon.
  Aber nicht bocksstarr.
HELLA Glaubst du?
DANIEL Das ist offensichtlich.
HELLA Wer bleibt?
EVA Ich bin zu sehr vom Fleisch.
RUTH Will heißen?
HANS Möchte ich auch einmal wissen, was das heißen soll!
EVA Es sieht nicht gut aus, wenn ich krepiere.
THOMAS Nur nicht zu bescheiden.
EVA Ich beweise es euch.
  Sie läßt sich zu Boden fallen und spielt ein großes Sterben.
HELLA Ein bißchen klapperig.
KARL Nicht sanguin genug.
RUTH Mager ist irgendwie untheatral.
HANS Total untheatral.
EVA *indem sie aufsteht:* Sage ich es doch.
HELLA Und jetzt?
  Das endet böse, wenn das so weitergeht.
  Alle gucken Daniel an.
  Könntest du nicht vielleicht trotzdem, ein letztes Mal nur noch?
THOMAS Wie in Paderborn, weißt du noch?
  Groß.
  Das war ein großes Sterben.
  Eine Weile noch strich er
  um die deutschen Städte, scheu vor sich selbst.
  Sein Geist hauste in Hecken,

in Dornen ruhte das Herz.
Dann fiel er.
Blieb liegen und lag,
lag lange im Feld
unbemerkt. Nur eine Füchsin
brachte ihre Welpen und brach
ihn auf unter der Lunge.
Aus seiner Zunge sproß Gras.
So schwieg er durch Jahre.
Durch die offenen Ohren
blies ihm der Wind, brachte den Lärm
aus Frankreich und Polen.
Fern das Grollen im Orient.
RUTH Toller Text!
DANIEL Bockssänger!
Wirst mich nicht einwickeln mit deiner huldvollen Romantik!
Schweigen.
Ihr seid nur zu feige! Ihr wart schon in Paderborn zu feige!
HELLA Was hat er gesagt?
EVA Daß wir zu feige sind.
THOMAS Was hat das mit Feigheit zu tun?
HANS Möchte ich auch gerne wissen.
RUTH Lächerlich.
DANIEL Ihr habt Angst, eure Schminke könnte verschmieren, eure Rüschchen könnten zerknittern.
Schöngeister!
KARL Deine revolutionäre Attitüde ist einfach nur peinlich!
DANIEL Mal schauen, ob dir meine Faust auch peinlich ist!
Er geht auf Karl los.
EVA *hält ihn zurück.* Schrei hier nicht herum. Wir haben Publikum.
DANIEL Weißt du, was mich dieses Publikum kann?
Schweigen.
Ich werde für diese Feiglinge meinen Kopf nicht mehr hinhalten.

Ich mache es nicht.
Ich starb schon in Deutschland.
KARL Dann wird dir das Krepieren in der Provinz ja nicht schwerfallen.
EVA *zu Daniel:* Denk bitte nicht nur an dich.
DANIEL Was meinst du damit?
EVA Damit will ich sagen –
DANIEL Ich höre.
EVA Es gibt noch andere als wie nur dich.
DANIEL Ach ja?
EVA *unsicher:* Ja, wir sind auch noch da.
DANIEL Ich erkenne dich gar nicht wieder.
EVA Ich habe dazugelernt.
DANIEL Wie konnte ich dich nur je lieben.
EVA Sag so etwas nicht.
Du hast mich geliebt.
DANIEL Ich sage nicht, daß ich es nicht tat. Ich sage nur, daß ich mich frage, wie ich es konnte.
EVA *wendet sich geschmerzt von ihm ab.*
DANIEL *steht sehr alleine. Nur Hans steht in der Nähe. Zu ihm:* So hilf mir doch!
HANS Weshalb?
DANIEL Ich half dir auch.
HANS Das ist lange her.
DANIEL Feiner Kamerad!
HELLA *nimmt Daniel zur Seite:* Es gehört sich nicht für einen Entertainer, einen Berufskollegen öffentlich zu schelten.
DANIEL Ich bin kein Entertainer.
HELLA Wir alle sind Entertainer. *Sie legt ihm den Arm um die Schulter.* Ich will dir etwas sagen. Ich wollte es dir schon lange sagen. Ich habe es dir bis jetzt nicht gesagt, weil sich keine Gelegenheit dazu bot.
Schweigen.
Ich mag dich.
Du bist ein patenter Kerl.

Du bist von einem anderen Kaliber als die da.
Das sind Proleten im Gegensatz zu dir.

Daniel Verhöhne nicht das Proletariat.

Hella Natürlich nicht. Ich bin seit dreißig Jahren in diesem Geschäft. Ich habe viele kommen und gehen sehen. Solche wie dich findet man selten. Du bist gebildet und hast ein Bewußtsein. Und das gibt dir die Tiefe. Das mag das Publikum.
Schweigen.
Wir brauchen dich.

Daniel Ich biedere mich keinem an. Auch nicht dem Publikum.

Hella Das verlangt auch niemand von dir. *Listig:* Übrigens, dein Sterben in Paderborn war wirklich beeindruckend.

Daniel *geschmeichelt:* Findest du?

Hella Unbedingt. Ich war innerlich so bewegt, das kann ich dir gar nicht sagen. Wie du da auf diesem Feld lagst, mit dieser Füchsin, weißt du, um dich verstreut die Ideale.
Und wie dein Gesicht geleuchtet hat, wie mit Kalk bestäubt, und an den Schläfen das Blau der Adern!
Und über allem der Lärm aus Frankreich und Polen!

Daniel *vergißt einen Moment lang seine Rolle:* Und das Grollen im Orient!

Hella Und das Grollen im Orient!
Schweigen.
Wir brauchen dich.

Daniel *deutet mit dem Arm in den Raum und auf das Publikum:* Ehrlich gesagt, ist dies nicht mein Niveau, das da. Das habe ich hinter mir. *Zeigt auf Hans.* Nenn mir einen Grund, weshalb ich für einen wie den da sterben sollte.

Hella Was kümmert dich dieser Statist? Dieser Kleingeist ist zu nichts Großem fähig. Der denkt doch nur an sein Häuschen und an das Rosenspalier.

Daniel Welches Rosenspalier?

Hella Hat er dir noch nicht davon erzählt?
Dann wird er noch.

Eva Die Zeit!
Hans Sie läuft und läuft!
Thomas Es wird nicht mehr für alles reichen.
Karl Wir wollten doch alles erzählen, vom Anfang bis zum Schluß!
Hella *zu Daniel:* Ich verspreche dir, es wird ganz leicht gehen.
Schweigen.
Und es soll das letzte Mal sein, ja, heute abend stirbst du das letzte Mal, das verspreche ich. *Sie reicht ihm die Hand.*
Daniel *zögert und nimmt sie schließlich.*
Hans *tritt zu Daniel. Kleinlaut:* Verzeih mir.
Daniel Warum sollte ich?
Hans Dir und mir zuliebe.
Wir sehen uns täglich.
Wir essen zusammen in der Kantine.
Wir reisen zusammen.
Wir arbeiten zusammen.
Wir müssen miteinander auskommen.
Er reicht Daniel die Hand.
Daniel *spuckt auf den Boden:* Ich habe nicht im Sinn, mich auf deine Gutmütigkeit einzulassen.
Eva *schaut auf die Uhr:* Es ist schon spät.
Wir haben viel Zeit verloren.
Karl Den Selbstmordversuch könnten wir streichen.
Thomas Und gleich zu meinem Monolog gehen.
Daniel Der Selbstmordversuch wird natürlich nicht gestrichen.
Eva Wir haben nur noch x Minuten.
Daniel Entweder spielen wir jetzt den Selbstmordversuch, oder ihr müßt euch einen anderen Meienberg suchen.
Karl *boshaft:* Es ist eine schlechte Szene. Schlechter Text, schlecht inszeniert.
Daniel Sag das noch einmal.
Karl Du willst bloß brillieren.
Daniel *schlägt Karl die Faust ins Gesicht, so daß es blutet. Gerangel.*

HELLA Nun kommt, Gewalt ist wirklich keine Lösung.
KARL Er hat angefangen.
HELLA Ein Vorschlag zur Güte.
Wir streichen den Text und spielen nur, wie der Freund ins Zimmer stürzt und Meienberg regungslos auf dem Boden liegen sieht. Wie er die Medikamentenpackung sieht und ihm die Milch einflößt.
RUTH Schöner Kompromiß.
HANS Gefällt mir auch. Rein künstlerisch.
DANIEL Ich scheiß was auf eure Kompromisse. Ich spiele jetzt den Selbstmordversuch.
Er will an die Rampe gehen, da stellt ihm Karl ein Bein. Daniel fällt zu Boden und bewegt sich nicht mehr.
HELLA *indem sie sich über Daniel beugt:*
Er hat das Bewußtsein verloren.
Schnell, etwas zu trinken!
EVA *bringt eine Flasche Milch.*
HELLA Weshalb denn Milch?
EVA Das ist doch das Requisit.
HELLA *flößt Daniel die Milch ein.*
RUTH Was jetzt?
HANS Ja, was jetzt?
THOMAS Ich könnte meinen Monolog sprechen.

1971, PARIS, FRANKREICH

Der chilenische Dichter Pablo Neruda, Botschafter seines Landes, empfängt den Journalisten Meienberg in der Botschaft in Paris. Er studiert die Fragen, welche Meienberg ihm schriftlich gestellt hat. Nach einer Weile des kontemplativen Lesens faltet der Dichter das Blatt mit den Fragen zusammen und antwortet.

DER DICHTER Ich stand in diesem Saal, es war gestern, und ich empfing die sechzig Matrosen eines chilenischen Schulschiffes. Ein weißes Schiff, ein Dreimaster, mit weißen Segeln, verstehen Sie, sein Heimathafen war Santiago. Sie hatten in Port Saïd angelegt, in Fez und in Lisboa, nun lagen sie vor La Rochelle.
Hier, sehen Sie, dies ist die Maquette.
E-S-M-E-R-A-L-D-A.
Das ist der Name einer Frau.
Er lächelt.
Sie standen im Halbkreis um mich. Die Täfelung dieser konsularischen Vertretung roch die Haare der Matrosen, roch das Salz und die Gischt, roch das Meer.
Von der Galerie blickten die Porträts meiner Vorgänger. Die schwarze Angst saß in ihren Augen, doch über ihren Wangen brach die Ölfarbe, da sich ihre Lippen in einem Lächeln ergingen.
Es waren immer die Seeleute, die uns die Hoffnung brachten, die Hoffnung und die Revolution.
DANIEL *am Boden, röchelt.*
DER DICHTER *neigt seinen Kopf, als horche er einer Frage, die er nur mühsam versteht.*
Sie sind Binnenländer, wenn ich Sie richtig verstehe?
Schweigen.
Für morgen erwarte ich einhundert chilenische Studenten, oder für übermorgen. Fragen Sie meinen Sekretär, wenn Sie

es wissen möchten. Wir glauben an die Jugend, und von den Christen haben wir gelernt, daß sich der Glaube nur jenem eröffnet, der sich an ihm reibt.

Ja, wir sind schon alt, und es kann bald geschehen, daß es uns wie Louis Aragon ergeht und die Jungen in ihrem Zorn uns alte Bärte nennen, die man aus dem Gesicht der Geschichte zu rasieren hat. Aber wir glauben an unsere Jugend und deshalb glauben wir auch an ihren Zorn. Wir glauben an die Pullover der Jungen und ihre Hosenschöße, wir glauben an die zum ersten Mal zerknitterten Hemden der jungen Männer, denen die Mutter verloringing. Wie hatte sie das Alte noch vom Stuhl genommen und das Frische hingelegt! An die Rosenfrische in den Gesichtern unserer Mädchen glauben wir, denn es ist die Frische unserer Heimat. Wir glauben an den dunklen Ernst in ihren Augen, denn es ist der dunkle Ernst unseres Landes.

Schweigen.

Sehen Sie, die Kinder meines Landes gingen durch dreihundert Jahre Krieg. Sie stritten den längsten patriotischen Freiheitskampf der Geschichte.

Er neigt seinen Kopf erneut.

Wissen Sie, was Patriotismus bedeutet?

Kennen Sie den Krieg?

DANIEL *röchelt und spuckt rote Milch. Die anderen halten ihn nieder.*

DER DICHTER *neigt seinen Kopf:* Sie machen einen großen Fehler mit Ihrem politischen Ansatz. Ich habe in meinem Leben nicht eine einzige politische Kategorie angetroffen, hören Sie, nicht eine einzige. Und ich war doch immerhin in Rangun, Colombo, Djakarta, Buenos Aires, Madrid. Nicht einmal im Spanien des Jahres 1939 habe ich eine politische Kategorie angetroffen, nicht einmal dort. Ich traf Menschen, manchmal lebend und leider viel zu häufig tot, ich traf die Dichter in den Schützengräben, Malraux, und García Lorca sah ich jeden Tag. Wir waren unzertrennlich, aber politische Kategorien trafen wir nicht.

Daniel *richtet sich im Sitzen auf:*
Lüge, Lüge!
»Menschen Stalins! Wir tragen mit Stolz diesen Namen!
Menschen Stalins! Das ist die Rangordnung unserer Zeit!
Arbeiter, Fischer, Musiker Stalins!«
Die andern geben ihm wieder Milch.
Der Dichter *neigt seinen Kopf, dann leise und mit feuchten Lippen:* Mein Werk umfaßt schon jetzt sechstausend Druckseiten, davon sind nicht mehr als vierzig politische Gedichte. Es ist lebensfeindlich, jemanden in seinen Widersprüchen zu fangen. Es ist gegen die Natur. In jeder Minute widersprechen wir uns. Nur die Ideologie behauptet das Gegenteil, und Ideologie ist falsches Bewußtsein.
Schweigen.
Ich stand in einem Stadion und sprach zu zweihundertfünfzigtausend Menschen. Das ist eine Wirklichkeit, die eine andere Dichtung erfordert. Sagen Sie das Ihrem jungen Dichter in Deutschland. Die Arbeiter in den Kupferminen singen meine Gedichte zu ihrer Arbeit. Sagen Sie das Ihrem Enzensberger.
Daniel *röchelt.*
Der Dichter Er ist mein Freund. Alle Dichter sind meine Freunde. *Abschätzig:* Sie sind kein Dichter, lieber Mann, Journalist, aus der Schweiz. Die Poesie, sagt Valéry, ist eine Schwingung zwischen Sinn und Ton. Verstehen Sie, sie ist nicht Sinn, sie ist nicht Ton, sie ist lediglich eine Schwingung. Üben Sie sich darin.

Chor
Wo findet einer der getanzt hat
im Kristall der Lichterstadt
nach der Rückkehr in die Heimat
in seinem Leben wohl das Schöne?

Statt Boulevards gibt's hier Straßen
statt weiten Plätzen enge Gassen

statt Gläser höchstens Tassen
wie soll einer das nicht hassen
bei der Rückkehr in die Heimat?

Nichts scheint ihm hier bedeutsam
Die Leute findet er nur strebsam
In allem hat's einen Löffel Rahm
Er weiß nicht, weshalb er zurückkam.

Er sucht sich also, da er ein junger Mann ist
und lebendig etwas Schönes, ein Abenteuer, dreht
einen Film über irgendeinen Toten, Ernst S.
mit Namen, ein gescheiterter Schauspieler
Trompeter und Spion, ordentlich erschossen, aber schlecht
 verscharrt. Er liegt dort seit November zweiundvierzig.
Da standen die Deutschen schon tief in der Taiga.
In Auschwitz schürften sie in jüdischen Mündern
nach Gold. Noch längst war nicht klar daß die
Heimat durch Gottes Willen oder Teufels Geschick
verschont bleiben würde vom Krieg.
Ernst verriet den Deutschen was sie schon wußten. Er
stahl für sie eine Kiste Stahlgranaten Momentanzünder.
Hatten sie schon. Er versuchte es mit einer Kiste
Panzergranaten Bodenzünder. Hatten sie schon. Er
zeichnete die Lage einer Bunkerstellung im Gelände, er
zeichnete fehlerhaft und in phantastischer Art.
Als Spion zu brillieren ermöglichte ihm erst die Eidgenossenschaft
mit einem Exekutionsdetachement. Er starb
aufrecht und aus prinzipiellen Gründen.
Spion bleibt Spion, auch wenn das
verratene Geheimnis allseits bekannt ist.
Der Widerstandswille stand auf dem Spiel.
Nichts ist der Moral
so förderlich wie eine standrechtliche Erschießung.
Man verstehe die Lage:
Zwischen neununddreißig und fünfundvierzig töteten

Europas Armeen achtundzwanzig Millionen
Menschen. Die schweizerische Armee begnügte sich
mit siebzehn, keiner von ihnen unschuldig. Der Tod
von zehnmal mehr noch wäre der Frieden wert gewesen und nicht
einmal schuldig hätten sie zu sein brauchen. Selbst mit
einhundertsiebzig unschuldigen aufgeschlitzten Kindern
auf dem Gewissen und einem intakten Frieden wäre der Herr General
noch ein Held gewesen.

Sie aber wollen Reinheit.
Sie schreien: Lüge! Lüge! Lüge!
Dabei geht's Meienberg nur um die Schönheit
einer Novembernacht, um Fackelzüge
um den Regen, der in Flammen zischt
um ein junges Leben, das erlischt.

Sie schießen nun aus allen Rohren
und es pfeift ihm um die Ohren
und bald fühlt er sich dazu erkoren
zu retten was lange schien verloren.

Jetzt findet er einiges bedeutsam
Jetzt weiß er, weshalb er zurückkam.

80 MINUTEN VOR ENDE DER VORSTELLUNG

kommt Daniel langsam zu sich, jedoch ohne zu wissen, wer und wo er ist.

DANIEL Wo bin ich?
 Was ist geschehen?
RUTH *kümmert sich um Daniel.*
 Du liegst in meinen Armen.
 Du bist vom Pferd gefallen.
DANIEL Ist denn noch Krieg?
RUTH Ich weiß es nicht.
DANIEL Laß mich gehen. Ich muß zurück in den Kampf.
RUTH In deinem Zustand wirst du nicht lange kämpfen können.
DANIEL Manchmal muß man in den Kampf ziehen, auch wenn man weiß, daß dieser Kampf aussichtslos ist und man vernichtet werden wird.
RUTH Und wozu soll das gut sein.
DANIEL Ich könnte es dir erklären, aber es würde nichts nützen.
RUTH Weshalb nicht.
DANIEL Das versteht ihr Weiber nicht.
RUTH Dreckskerl!
DANIEL Das hat nichts mit dir persönlich zu tun.
 So ist die Situation nun einmal!
 Schweigen.
 Gib mir lieber einen Kuß.
RUTH Laß mich!
 Du denkst nur an deinen Kampf.
 Du kümmerst dich nicht um mich.
DANIEL Natürlich kümmere ich mich um dich!
RUTH Du stehst nicht zu mir!
DANIEL Natürlich stehe ich zu dir.
RUTH Du machst mir nie Geschenke.

DANIEL Was soll ich dir denn schenken?
RUTH Irgend etwas.
 Was man einer Frau halt so schenkt.
DANIEL Was schenkt man einer Frau denn so?
RUTH Blumen, zum Beispiel.
DANIEL Ach, komm, das haben wir doch hinter uns. Blumen kannst du dir selbst kaufen. In welchem Jahrhundert leben wir denn?
RUTH Das hat nichts mit dem Jahrhundert zu tun.
DANIEL Natürlich. Früher war die finanzielle Situation der Frauen viel prekärer. Sie konnten sich keine Blumen leisten, und deshalb mußten sie sich die Blumen schenken lassen.
 Bist du von mir abhängig?
RUTH Selbstverständlich nicht.
DANIEL Dann kannst du dir die Blumen auch selbst kaufen.
RUTH Du siehst alles durch deine Abhängigkeitsbrille.
DANIEL Nun, so ist die Welt geordnet. Es regieren die Abhängigkeiten.
RUTH Und zum Essen führst du mich auch nie aus.
DANIEL Komm mir nicht mit diesen Spießbürgerträumen!
RUTH Nenn es, wie du willst.
 Du willst dich nur nicht mit mir sehen lassen.
DANIEL Zwischen dir und mir gibt es einen Klassenunterschied. Du kommst aus dem Kleinbürgertum, ich aber aus dem Proletariat.
RUTH Dein Vater war Klempner.
DANIEL Eben.
RUTH Und meiner war Frisör.
DANIEL Strukturell gehört ein Frisör zum Kleinbürgertum.
RUTH Lächerlich.
DANIEL Ich habe noch so etwas wie ein Klassenbewußtsein. Ich bin keines dieser Windfähnchen, die früher mitmarschiert sind und die Parolen skandiert haben und die nun plötzlich auf sämtliche Grundsätze pfeifen, nur weil allenthalben behauptet wird, die Zeiten hätten sich geändert. Überhaupt nichts hat sich geändert!

Das ist die Journaille, die so etwas behauptet, und welche Interessen die vertritt, ist ja nun allgemein bekannt.

Ich werde nicht darauf hereinfallen und mir von diesen Modernitätsaposteln meinen Schneid bestimmt nicht abkaufen lassen.

Der Kampf geht weiter!

RUTH Jedenfalls hat dich das Klassenbewußtsein nie daran gehindert, in mein Bett zu steigen.

DANIEL Jetzt bringst du etwas durcheinander.

RUTH *gespielt naiv:*

Kannst du es mir erklären?

DANIEL Könnte ich, könnte ich.

Hilf mir lieber mit den Stiefeln.

RUTH Dreckskerl!

Sie versucht, Daniel die Stiefel auszuziehen. Als es ihr nicht gelingt, holt sie heißes Wasser und gießt es in die Stiefel.

DANIEL *deutet auf Eva:* Sie hat mir die Stiefel zum Geburtstag geschenkt, ich habe sie seither nicht ausgezogen.

RUTH Dein Geburtstag war vor acht Wochen.

DANIEL Ich mag die Stiefel eben.

RUTH Wie kann ein Mensch sich nur so etwas antun.

DANIEL Hast du gesehen? Unten sitzt das übliche Pack von Freiberuflern, mit ihren beschissenen Hornbrillen und den verdammten Haarschnitten. Ist dir das noch nie aufgefallen, daß die alle einen Haarschnitt haben? Fürchterlich! Und Hemden oder Pullover tragen sie auch immer. Immer tragen sie etwas über ihren schrecklich schlanken Oberkörpern.

RUTH Aber etwas muß man doch tragen.

DANIEL *äfft Ruth nach:* Aber etwas muß man doch tragen! Ach, leck mich doch! Ich kann diese Idioten einfach nicht mehr sehen. Mir waren die fetten Schweine mit den dunkelblauen Zweireihern, den Goldknöpfen und den Verwaltungsratsmandaten lieber. Das war noch ein Publikum. Da war das Bürgertum noch kriminell, verkaufte sich automatisch an den Meistbietenden. Die haben sich noch provozieren lassen. Man konnte übers Vögeln monologisieren oder übers Scheißen, und dann gab's Briefe. Diese beschissenen Freiberufler finden alles klasse. Kotzen finden sie klasse, scheißen finden sie klasse, wichsen finden sie klasse, vögeln finden sie klasse. Sie haben für alles Verständnis.

RUTH Die Zeiten haben sich eben geändert.

DANIEL *lauernd:* So? Wie denn?

RUTH Sie sind jetzt liberaler.

DANIEL Ich weiß nicht, was liberal bedeutet.
Schweigen.
Weißt du, eines Tages werde ich in meiner Szene das Mädchen nicht küssen. Ich werde es nur an seinem spitzen Kinn packen und ihm in den Mund spucken. Den schwulen Inspizienten werde ich einen schwulen Inspizienten sein lassen. Soll er doch mit den Armen rudern, ich werde mich derweil an die Rampe stellen.

RUTH Und was wirst du tun?

DANIEL Ich werde den Spieß umdrehen. Die Spießer denken, es ist gefahrlos, ins Theater zu gehen. Daß sie zugukken können, wie wir uns hier oben auskotzen, ausvögeln und ausscheißen, und sie haben dabei eine echt klasse Zeit, einen wirklich tollen Abend, und hinterher gehen sie ficken oder lassen sich ficken und danach hauchen sie »Das war ein toller Abend, Schatz« oder »Holst du mir noch ein Glas Wein« oder »Gute Nacht, Liebes«, und dann löschen sie das Licht und freuen sich im Einschlafen auf ein tolles Frühstück mit Käse und Schinken, Butterzopf, Gipfeli, Orangensaft.

RUTH Jeder Mensch muß frühstücken.

DANIEL *beachtet sie nicht.* Es ist gefährlich, ins Theater zu gehen. Ein Theater ist ein Irrenhaus. Es hat Korridore, in denen man sich verlieren kann, und in diesen Korridoren wandeln sonderbare Menschen, sonderbar, wie ich es bin. Enttäuschte, am Herzen versehrte, tief in der Seele verstörte Menschen. Von vielen kennt man die Vergangenheit nicht, weiß nicht, in welchen dunklen Organisationen sie mit-

liefen, und sie lügen instinktiv wie kleine Kinder, wenn man sie dazu befragt.
KARL Es wäre besser, wenn der Kerl jetzt schwiege.
DANIEL *beachtet ihn nicht.* Man weiß von diesen Menschen nicht, wieviel Haß sie in ihren Herzen und wieviel Metall sie unter der Achsel tragen. Keiner außer ihnen weiß, wie lange sie das Zeug schon schleifen ließen, keiner, wann der Zeitpunkt kommt, an dem sie es der Sonne zeigen müssen, das Metall unter ihrer Achsel und den Haß in ihren Herzen.
RUTH *gelingt es nun endlich nach unzähligen Versuchen, den rechten Stiefel von Daniels Fuß zu ziehen.*
DANIEL Ans Licht, ans Licht!
Ja, wir haben uns in unsere Körper zurückgezogen, was will man sich darüber wundern, daß einer Lust verspürt, diese Körper zu öffnen, um zu sehen, ob etwas lebt unter diesen Haarschnitten? Ist Blut in den Gesichtern, und kann es weichen? Gibt es eine Lunge, atmet sie, und gebiert der Atem noch einen Schrei, wenn das Auge sich empört? Weint einer noch in seinem Untergang? Wozu taugen noch die Ohren?
RUTH Was der redet! Uns rennt die Zeit davon, und er redet!
DANIEL *schweigt eine Weile und schaut Ruth zu, wie sie den linken Stiefel vom Fuß zu ziehen versucht und es endlich schafft. Sie zieht Daniel die Strümpfe aus, betrachtet voller Mitleid die Blasen und Schrunden. Mit einem Taschentuch tupft sie den Eiter aus den Wunden. Dabei ist sie sehr zärtlich, denn Daniel hat augenscheinlich Schmerzen. Er streicht Ruth übers Gesicht, beugt sich zu ihr hin, ihre Lippen nähern sich. Ruth öffnet leicht ihren Mund. Daniel packt Ruth am Kinn. Daniel spuckt Ruth in den Mund. Dann steht er auf und tritt an die Rampe. Er blickt lange ins Publikum.*
Es sind merkwürdige Zeiten, und für einen Menschen ist es schwierig. Aber einmal werde ich mit einem Tafelmesser meinen Herzbeutel kratzen, nur damit die Verhältnisse sich verändern. *Er nähert sich Ruth. Zu ihr:* Jetzt will ich vögeln.

Ich habe nicht gevögelt, seit ich die Stiefel angezogen habe. Das war vor acht Wochen.

RUTH Wir müssen zum Chor.

DANIEL Der Chor funktioniert auch ohne uns. Die merken nicht, wenn wir zwei fehlen. Ich verschlucke meine Hand, wenn ich jetzt nicht vögeln kann.

RUTH Du bist ein schlechter Liebhaber.

DANIEL Ich weiß.

RUTH Weshalb sollte ich mit dir vögeln.

DANIEL Weil ich wichtig bin.

RUTH *hebt den Rock.*

Aber nicht ins Popoloch!

DANIEL Und warum wohl nicht?

RUTH Nicht an einem Wochentag.

Sie vögeln. Und haben Spaß daran.

DANIEL *hält im Vögeln plötzlich inne.* O Gott!

RUTH Was ist?

DANIEL Schrecklich.

RUTH Mach weiter.

DANIEL Ich kann nicht.

Er zieht sich zurück und setzt sich auf den Boden.
Apathisch: Jetzt ist mir wieder Hamlet erschienen. Das habe ich manchmal.

RUTH Ach komm.

Ich mache es dir ganz schön.

DANIEL Nein, laß mich. Das verstehst du nicht. Das packt mich metaphysisch.

Schweigen.

Möchtest du nicht die Ophelia sein? Meine Ophelia?

RUTH Du Versager! *Sie zieht sich zurück.*

EVA *zu Ruth:* Daß du dich nicht schämst!

RUTH Wofür?

EVA Er verpaßt seinen Auftritt.

RUTH Es geht dir nicht um seinen Auftritt.

Du bist bloß eifersüchtig.

EVA *deutet auf Daniel.* Das war einmal.

Mit uns war es etwas Besonderes.

RUTH *spöttisch:* Das kann ich mir vorstellen.
EVA Wie meinst du?
RUTH Ja, wie meine ich das wohl?
EVA Er ist ein Künstler!
RUTH Ein impotenter Künstler, du dumme Zicke!
EVA *geht zu Daniel, der immer noch Löcher in die Luft starrt.*
   Die anderen machen sich Sorgen. Du hast deine Szene. Wir haben wirklich nicht mehr viel Zeit.
DANIEL Ich kann nicht.
EVA Weshalb nicht?
DANIEL Mir ist Hamlet erschienen.
EVA Hast du das noch immer.
DANIEL Manchmal.
EVA Mit mir hattest du es fast nie.
DANIEL Ja.
   Du bist eben eine Heilige.
EVA Das bin ich nicht.
DANIEL Natürlich. Du bist nicht wie die da. *Er deutet auf Ruth.*
EVA Dann laß sie doch.
DANIEL Das kann ich nicht. Das weißt du.
EVA *bitter und zugleich zärtlich:* Du Dummkopf, du.
   Wo hast du die Stiefel.
DANIEL Ausgezogen.
EVA *etwas gekränkt:* Magst du sie nicht mehr?
DANIEL Doch, schon.
EVA Du hast sie dir gewünscht.
DANIEL Ich liebe diese Stiefel, verdammt!
EVA Ich wollte ja nur –
DANIEL Entschuldige.
   Schweigen.
EVA Weißt du, ich –
   Ich denke schon lange daran –
DANIEL An was?
EVA Daß wir zwei –
DANIEL Ja?

Eva Wir haben uns gutgetan.
Wir hatten in diesem ganzen unsteten Leben eine Beständigkeit. Es gab uns einen Halt.
Schweigen.
Vielleicht bin ich nicht die, die *(sie zögert und sucht nach Worten)* im Bett, das weißt du, das liegt mir eben nicht so, hin und wieder schon, aber so oft wie du brauche ich es nicht, und ich hätte auch nichts dagegen, wenn du hin und wieder, wenn es dabei bleibt und nicht in Liebe ausartet, verstehst du, ich könnte damit leben.
Schweigen.
Das ist doch keine Existenz, so wie wir jetzt leben, du und ich, unterwegs das ganze Jahr, beisammen das ganze Jahr, aber immer alleine in die Hotels. Das macht mich wahnsinnig. Dieses Aufeinanderhocken und gleichzeitig immer alleine sein. Alleine Zähneputzen, alleine in den Spiegel gucken, alleine unter die Bettdecke schlüpfen.
Schweigen.
Aber was rede ich da, ich dumme Liese, du hast deine Szene.
Daniel Nein, red nur, du, red nur.
Eva Wirklich?
Daniel Natürlich, red nur.
Eva Ich brauche einfach jemanden, nach dem ich schauen kann. Ich schaue sonst nicht nach mir. Ich verkomme.
Schweigen.
Bei mir waren deine Rüschen immer gebügelt.
Daniel Was sagst du?
Eva *sie ist plötzlich betreten. Dann schweigen sie lange, und irgendwann nimmt sie Daniels Hand.*
Wir hatten eine gute Zeit.
Daniel Ja.
Eva Laß es uns noch einmal versuchen.
Daniel Ich kann nicht.
Eva Weshalb nicht.
Daniel Das habe ich dir doch erklärt.
Eva Nur weil mein Cousin ein Theaterkritiker ist, kannst du mich nicht lieben?

DANIEL Ich muß unabhängig sein. Das befehlen mir meine Ideale.
EVA Kein Mensch ist eine Insel.
DANIEL Oh, wie ich diese Kungeleien hasse!
Schweigen.
Ich bin es meinem Ruf schuldig, verstehst du?
Das Publikum vertraut mir.
Es vertraut meiner Lauterkeit.
EVA Deiner Lauterkeit.
DANIEL Jawohl. Sie ist mein Kapital. Sie zeichnet mich aus. Manche Schauspieler haben einen besonderen Gang oder eine beeindruckende Stimme, ein pockennarbiges Gesicht. Ich habe meine Lauterkeit.
Schweigen.
Ich bin nicht wie zum Beispiel dieser Typ da.
EVA Wie welcher Typ?
DANIEL *zeigt auf Karl:* Wie dieser drittklassige Schauspieler da. Er ist für diese Rolle vollkommen ungeeignet. Er hat sie nur gekriegt, weil er mit unserem Direktor unter einer Decke steckt.
EVA Wie meinst du das?
DANIEL Er weiß etwas über den feinen Herrn Direktor. Eine Pikanterie. Natürlich steckt er auch drin, knietief sogar. Mitgegangen, mitgefangen, so heißt es doch, aber er hat ihn eben trotzdem in der Hand. Und kriegt seit Jahr und Tag die guten Engagements.
EVA Hast du dafür Beweise?
DANIEL *absichtlich laut und in Richtung Karl:* Das pfeifen die Spatzen von den Dächern.
KARL Was pfeifen die Spatzen von den Dächern?
DANIEL Daß du und der Herr Direktor unter einer Decke steckt.
KARL Unter was für einer Decke?
DANIEL Unter einer schmutzigen Decke. Unter einer ICH-SAGE-NICHTS-DAFÜR-KRIEGE-ICH-DAS-ENGAGE-MENT-DECKE.

KARL So eine Infamie! Ich habe immer ordentlich vorgesprochen!
DANIEL Ja, am liebsten »Maria Magdalena«.
HELLA Was ist hier eigentlich los?
KARL Ich werde verleumdet. Man begeht an mir einen Rufmord.
DANIEL Wie künstlich er sich entrüstet, unser großer Sprechdarsteller!
HELLA Ihr seid mir vielleicht Kerle. Rufmord, Verleumdung! Mitten in der Vorstellung. Wie stellt ihr euch das vor! Jetzt hopp in eure Szene!
KARL Erst entschuldigt dieser Mensch sich bei mir.
DANIEL Sehr gerne und mit Inbrunst, wenn ich nur wüßte, wofür.
KARL Für die Verleumdung, natürlich.
HELLA Vielleicht sagst du es zuerst mir. Im stillen.
DANIEL *flüstert Hella etwas ins Ohr.*
HELLA Ist es auch wahr?
DANIEL Leider ja.
HELLA Und hast du dafür Beweise?
DANIEL Wären nicht schwierig zu beschaffen.
HELLA So eine Schweinerei. Das hätte ich dem Typen nicht zugetraut.
DANIEL Ich sage es jetzt dem Publikum.
HELLA Das gibt einen Skandal.
DANIEL Das tut diesem Theater nur gut.
HELLA Die Vorstellung wird platzen.
DANIEL Wir sind es uns schuldig. Uns und Meienberg. Der hätte nicht geschwiegen.
HELLA Du hast recht. Er hätte nicht geschwiegen.
Schweigen.
DANIEL Ich muß es tun. Das ist eine Frage der Moral.
HELLA Aber bitte nach der Vorstellung.
DANIEL *tritt an die Rampe.*
HELLA Mir tut es nur um die Kinder leid.
DANIEL Um welche Kinder?

HELLA *zeigt auf Hans:* Um seine Kinder.
Der ist nicht auf Rosen gebettet, drei Kinder, und das Haus ist schon gekauft, aber die Hypothek noch längst nicht abgestottert.
DANIEL Es geht um die Gerechtigkeit.
HELLA Natürlich, um die Gerechtigkeit. Das ist wirklich eine Schweinerei, die da passiert ist, aber den Kindern muß er sie eben erklären. Wenn sie ihn mit ihren Knopfaugen anschauen und fragen: Papi, warum gibt es schon wieder Haferbrei? Papi, warum bleibst du immer zu Hause? Papi, warum trägt Mami immer denselben Rock? Papi, warum geht ihr nie aus? Und warum streitet ihr euch ständig?
Ich bin davon überzeugt, die Kinder werden es verstehen, aber erklären muß er es ihnen doch, daß es um die Gerechtigkeit ging. Um eine moralische Frage.
Schweigen.
DANIEL *zögert:* Wir könnten für seine Familie Geld sammeln, einen Solidaritätsfonds eröffnen.
HELLA Ich glaube nicht, daß du jemand finden wirst, der dir Geld gibt für einen Solidaritätsfonds. Die Leute geben kein Geld für ein Wort, das sie nicht verstehen.
DANIEL Also was.
HELLA Laß uns das Stück zu Ende spielen.
Und hinterher schauen wir weiter.
Sie legt ihm den Arm um die Schulter.
Vertrau mir.
Du bist ein feiner Kerl. Du hast Prinzipien.
Das bewundere ich.
Ich werde dich nicht hängenlassen.
Diesem Herrn Direktor werden wir es zeigen!
Wir machen eine Petition!
Aber erst müssen wir das Stück zu Ende spielen!
Sie schaut auf die Uhr.
Für deine Szene ist es jetzt allerdings zu spät.
Wir gehen gleich zu den Germanisten.

1980, ZÜRICH, SCHWEIZ

Zwei Germanisten stehen vor dem Sitzungszimmer der Städtischen Literarischen Kommission, deren Mitglieder sie sind, und machen eine Zigarettenpause. Der eine der beiden ist deutlich jünger als der andere, und er, der Jüngere, ist, was das Fachliche betrifft, auch deutlich klüger als sein älterer Kollege. Der Jüngere hat Ambitionen, der Ältere hingegen eine etwas träge Zunge, als hätte er gerade vom Zahnarzt eine Spritze gekriegt. So rauchen sie, der Ältere eine französische Zigarette ohne Filter, denn er verehrt die Generation der Existentialisten; der Jüngere raucht leichte Amerikanische. Er raucht dreimal so schnell wie sein Kollege. Nachdem sich ein gewisser Rauch gebildet hat:

DER ÄLTERE Hast du den Neuen schon gelesen?
DER JÜNGERE Welchen Neuen?
DER ÄLTERE Na, welchen Neuen schon.
DER JÜNGERE Ach, den neuen Meienberg meinst du. Natürlich habe ich den schon gelesen.
DER ÄLTERE Und.
DER JÜNGERE Keine Diskussion.
DER ÄLTERE Da sind wir uns einig.
 Ich schätze seine Reportagen.
DER JÜNGERE Durchaus.
DER ÄLTERE Das sind gute Sachtexte. Die haben ihre Funktion.
DER JÜNGERE *erstaunt:* Ihre Funktion? Was meinst du damit?
DER ÄLTERE Gesellschaftspolitisch, meine ich.
DER JÜNGERE *blasiert:* Ach so, gesellschaftspolitisch.
DER ÄLTERE Kann auch ein Kriterium sein. Unter Umständen.
DER JÜNGERE *noch blasierter und sehr gelangweilt:* Natürlich. Unter Umständen.
DER ÄLTERE Wir haben diesbezüglich übrigens ein Problem.
DER JÜNGERE Und das wäre?

DER ÄLTERE Er hat ein Gesuch gestellt.
DER JÜNGERE Da ist er falsch. Das hier ist die literarische Kommission. Für Sachtexte sind wir nicht zuständig. Auch nicht für solche mit einer gesellschaftspolitischen Funktion.
DER ÄLTERE Er will Geld für die Lyrik.
DER JÜNGERE *ungläubig:* Für die Lyrik? *Er rezitiert:*
   »Gegen die Schönheit tuest Du wüeten
   Wieviel Frauen mußten blüeten
   Der Biß war nicht zu verhüeten
   Eva, Eurydike, Kleopatra;
   Et cetera«
DER ÄLTERE Rhythmisch hinkt das.
DER JÜNGERE Rhythmisch ist mir das egal.
   Das ist ein Verbrechen, so etwas zu drucken.
   So etwas unterstützen wir nicht. Nicht diese Kommission.
DER ÄLTERE Er stellt zum dritten Mal ein Gesuch.
DER JÜNGERE Was soll das heißen?
DER ÄLTERE Er beweist Kontinuität.
DER JÜNGERE *rezitiert singend:*
   »Liebeskummer
   Lohnt sich nicht aber
   Langsam kommts my darling
   My lovely tröpfenweise quillts
   Bächleinartig vorerst dann ein Sturzbach
   Fließt und schwillt und reißt und reißt mich fort
   Und schüttelt rüttelt beutelt knutet knüttelt büttelt mich.«
   Schweigt.
   Er soll das Mädchen nehmen, wie es ihm beliebt.
   Aber er soll keine Gedichte schreiben, die wir dann lesen müssen.
DER ÄLTERE Er hat auch bessere.
DER JÜNGERE Er hat auch viel schlechtere.
DER ÄLTERE *rezitiert mit spitzem Mund:*
   »Das Zimmer verwitwet
   Jeder für sich
   Neuer Mieter«
DER JÜNGERE Das ist nicht dein Ernst.

DER ÄLTERE *verunsichert:* Ich meine, immerhin, nicht wahr. Zimmer verwitwet, das ist ein so schlechtes Bild nicht. Ist kein Benn, natürlich nicht, aber für eine kleine Ehrengabe sollte das reichen.
DER JÜNGERE Das ist allerdings ein Jahrhundertgedicht, mein Lieber.
DER ÄLTERE *gänzlich verunsichert:* Meinst du?
DER JÜNGERE Natürlich meine ich das, und nicht nur ich meine das, das meinen noch ganz andere. Das ist ein anerkanntes Jahrhundertgedicht, aber leider ist es nicht von ihm.
DER ÄLTERE Nicht?
DER JÜNGERE Das ist von Apollinaire, mein Lieber.
DER ÄLTERE Von Apollinaire?
DER JÜNGERE Guillaume Apollinaire.
DER ÄLTERE *leicht empört:* Ein Franzose?
Ich bin Germanist.
Schweigen.
Aber das Gedicht steht doch in seinem Band!
DER JÜNGERE Natürlich.
DER ÄLTERE *sehr empört:* Aber das ist ein Verbrechen!
Das ist justitiabel!
Plagiat, Plagiat!
Na, dem geben wir aber ganz bestimmt kein Geld.
Schweigen. Er ahnt seine Chance.
Das gibt mehr als nur ein Feuilleton!
Das gibt einen Fall!
In der NZZ!
Von mir lanciert!
DER JÜNGERE Er hat es als Zitat vermerkt.
DER ÄLTERE *leicht enttäuscht:* Hat er das?
DER JÜNGERE Im Anhang.
DER ÄLTERE Also nicht beim Text. Das ist verschleiernd.
Das ist Camouflage.
Schweigen.
Für ein Feuilleton reicht es doch noch.
Vielleicht nicht mehr in der NZZ.

DER JÜNGERE *sehr gelangweilt:* Das wurde doch schon diskutiert.
DER ÄLTERE *leicht geknickt:* Wo?
DER JÜNGERE In der F.A.Z.
DER ÄLTERE *geknickt:* Von wem?
DER JÜNGERE Von Reich-Ranicki.
DER ÄLTERE *sehr geknickt:* Wann?
DER JÜNGERE Vor drei Wochen.
DER ÄLTERE *etwas erleichtert:* Ach so, deshalb weiß ich das nicht. Vor drei Wochen war ich nämlich in den Ferien, im Engadin.
Schweigen.
Das Problem mit dem Gesuch haben wir trotzdem noch.
DER JÜNGERE Er kriegt kein Geld.
DER ÄLTERE Wie stellst du dir das vor?
DER JÜNGERE Da muß man eben Profil zeigen. Da muß man eben hinstehen und sagen: Nein, eine solche Lyrik unterstützt die Städtische Literarische Kommission nicht. Weil das nämlich keine Lyrik ist, sondern ein elaboriertes, epigonales, und vor allem eitles Geschmiere. Vielleicht ein Geschmiere von Meienberg, aber eben trotzdem ein Geschmiere.
DER ÄLTERE Es wird heißen, wir hätten etwas gegen seine politische Haltung.
DER JÜNGERE *sehr gelangweilt:* Ich weiß nicht, was das ist, eine politische Haltung. Mich interessiert die Literatur, sonst nichts.
DER ÄLTERE Es wird heißen, wir seien elitär und reaktionär.
DER JÜNGERE Dann wird es das halt heißen. Immerhin zeigen wir Rückgrat.
DER ÄLTERE Es wird Diskussionen geben.
DER JÜNGERE Diskussionen scheue ich nicht. Ich habe gute Argumente.
Elaboriert. Epigonal. Und eitel.
DER ÄLTERE Er wird uns ein Ultimatum stellen.
DER JÜNGERE Die Städtische Literarische Kommission läßt sich nicht erpressen!

Der Ältere Er wird zur Auszeichnungsfeier kommen.
Der Jüngere Jedermann ist herzlich eingeladen.
Der Ältere Er wird aufs Podium steigen.
Der Jüngere Da steht schon der Stadtpräsident.
Der Ältere Das wird ihn nicht kümmern. Im Gegenteil. Er wird auf das Podium steigen und ein Pamphlet verlesen.
Der Jüngere Ein Pamphlet?
Der Ältere Jawohl. Er liebt Pamphlete. Da wird er natürlich breitwalzen, daß du mit der Dichterin, die das heurige Werkjahr erhält, in gewissen Verbindungen stehst.
Der Jüngere *lächelnd, scheinbar souverän:* Aber das hat doch überhaupt nichts miteinander zu tun! Die Isolde und ich, wir kennen uns seit Jahren!
Der Ältere Was ihn und niemand sonst nicht interessieren wird.
Schweigen.
Der Jüngere *kleinlaut:* Ich weiß es, und das reicht mir.
Der Ältere Und hinterher, am Buffet, frißt er die besten Brötchen weg, säuft Champagner und zwickt den Damen der Donatoren vom Stadttheater in den Hintern.
Der Jüngere Ich will eine würdige Vergabefeier!
Der Ältere Ja, eben.
Der Jüngere *schweigt lange.* Über einen Druckkostenbeitrag könnte man eventuell sprechen.
Der Ältere Wieviel ist das?
Der Jüngere Dreitausend.
Der Ältere Das wird nicht reichen.
Der Jüngere Herrgott, die Städtische Literarische Kommission ist doch nicht erpreßbar!
Der Ältere *schweigt.*
Der Jüngere *schweigt mit.*
Eine Ehrengabe. Aber allerhöchstens.
Der Ältere Das sind?
Der Jüngere Fünftausend.
Schweigen.
Ängstlich: Glaubst du, das wird reichen?

DER ÄLTERE Fünftausend schützen vielleicht die Damen der Donatoren. Aber nicht das Buffet.
DER JÜNGERE Und das Pamphlet?
DER ÄLTERE Fünftausend nehmen ihm die schärfste Spitze.
DER JÜNGERE Die schärfste Spitze.
DER ÄLTERE Daß du schon mit der letztjährigen Stipendiatin –
DER JÜNGERE *stereotyp:* Aber das hat doch überhaupt nichts miteinander zu tun! Die Friederike und ich, wir kennen uns doch seit Jahren!
DER ÄLTERE Stumpf, denke ich, würde das Pamphlet mit zehntausend.
DER JÜNGERE Das wäre dann ein Werkbeitrag. Politisch wäre das eine Stellungnahme zu seinen Gunsten. Und das wollen wir nicht.
DER ÄLTERE Ich denke, Politik interessiert dich nicht.
DER JÜNGERE Ich spreche von Kulturpolitik, mein lieber Freund, das ist etwas anderes.
DER ÄLTERE Natürlich.
DER JÜNGERE *nach einer Weile:* Nun gut, so wollen wir denn unsere Verantwortung wahrnehmen, um die Würde der Vergabefeier und die Damen der Donatoren vor diesem Berserker zu schützen, und beißen in drei Gottes Namen in diese saure Gurke.
DER ÄLTERE Apfel.
DER JÜNGERE Bitte?
DER ÄLTERE Es heißt: In den sauren Apfel beißen.
DER JÜNGERE Und woher, bitte schön, willst du das wissen?
DER ÄLTERE Ich habe über »Die Rolle des Gemüses in der deutschen Idiomatik« promoviert.
DER JÜNGERE Ein hochinteressantes Thema, allerdings, und ein weites Feld.
DER ÄLTERE Allerdings. Man findet das schon bei Luther: Alles Leben vergeht wie Gras.
DER JÜNGERE Gras zählt man zum Gemüse? Das wußte ich nicht!

Der Ältere In einem gewissen Sinne, mein lieber Freund, in einem gewissen Sinne. Lassen Sie mich etwas ausholen –

Sie gehen ab und unterhalten sich dabei leise und angeregt.

PAUSE

60 MINUTEN VOR ENDE DER VORSTELLUNG,

also unmittelbar nach der Pause, steht Eva noch im Einlaßlicht am Rande der Bühne und wirkt blaß und ziemlich aufgeregt. Karl, sich den letzten Rest seiner Pausenmahlzeit vom Mund abwischend, gesellt sich zu ihr. Er scheint sehr guter Laune zu sein. Daniel kommt lange nicht.

KARL Ah ja, jetzt wird's gut, hähhähä, jetzt haut's rein, jetzt wird's abstrakt, jetzt kommt die Szene mit dem Schredder und dem Schweinekopf! Jetzt wird sich der Saal seiner feineren Gemüter entledigen.
Zu Eva: Was ist denn mit dir los?
Dein Gesicht hat die Farbe von –
EVA Mein Cousin sitzt im Publikum.
KARL Und?
EVA Er hat die Brille abgenommen.
KARL *erblaßt nun ebenfalls:*
So schlimm?
EVA *nickt.*
KARL Aiaiai.
EVA Nun mache nicht in Panik.
KARL Daß gerade der uns absägt.
EVA *wirft ihm einen bitteren Blick zu.*
KARL Er gehört gewissermaßen zur Familie.
EVA Was soll das heißen?
KARL Man spuckt den eigenen Leuten nicht in den Napf. Das ist unfein.
EVA *zischt:* Das gehört nicht zusammen. Ich mache meine Arbeit und mein Cousin macht seine.
HELLA *tritt gemeinsam mit Thomas auf die Bühne.* Was ist mit ihrem Cousin?
KLAUS Er wird uns durch den Kakao ziehen, ihr Cousin.
HELLA Das hat uns gerade noch gefehlt.
EVA Er hat nur die Brille abgenommen.

KLAUS Er will den Rest nicht sehen.
THOMAS Schuft. Weshalb kommt er her? Er muß wissen, daß ihm dieser Abend nicht gefallen wird.
EVA Es kann kommen, wer will.
THOMAS Entspricht nicht seinem Stil. Dein Cousin ist ein alter Sozialist, der mag die realistische Schiene.
RUTH *kommt gemeinsam mit Hans. Zu Eva, sehr bedrohlich:* Falls du etwas damit zu tun hast, kratze ich dir die Augen aus.
EVA Mein Cousin kann tun und lassen, was er will, und es ist mir sehr egal, was ihm gefällt und was nicht.
THOMAS Das zeugt nachgerade von einer ziemlich verzerrten Wahrnehmung der Wirklichkeit.
KARL Das wird dein Cousin als Realist nicht mögen.
HANS *sehr unbedarft:* Ist doch schön, wenn sich die eigene Familie für die Arbeit interessiert. *Er erntet dafür kein Verständnis, sondern lediglich böse Blicke.*
KARL Und jetzt?
HANS *noch unbedarfter:* Jetzt spielen wir die Szene mit dem Schredder und dem Schweinekopf! Jetzt wird's blutig und abstrakt! Hähähä! *Er knufft Klaus konspirativ den Ellbogen in die Seite.* Jetzt wird man wohl einige Male laut und deutlich die Tür vernehmen, wie?
KARL Halt den Mund!
THOMAS *zu Ruth:* Kannst du nicht ein bißchen sanften Druck auf ihn ausüben.
EVA Kommt nicht in Frage!
RUTH Illoyale Kuh!
HELLA *zu Eva:* Wir holen ihn nach der Vorstellung in die Kantine und füllen ihn ab.
EVA Mein Cousin trinkt nicht.
HELLA Haben wir nichts Realistisches.
  Als Zucker für den Affen.
THOMAS Den Imitationsreigen.
KARL Gute Idee!
EVA Kaum geprobt!

RUTH Für deinen Cousin wird's reichen.
HANS Und was wird aus dem Schredder und der Sau?
HELLA Lassen wir fallen.
HANS Eine Schande.
KARL Was sagen wir unserem Meienberg?
THOMAS Der Schredder ist kaputt.
  Wir zeigen anstelle den Imitationsreigen.
KARL Das ist gut.
  Hähähä, der Schredder ist kaputt, hähähä.
RUTH Achtung, ich höre etwas.
HANS Er kommt.
DANIEL *kommt.* Was ist?
HELLA Panne.
DANIEL Wie Panne?
KARL Der Schredder ist kaputt, hähähä.
DANIEL Was gibt es da zu grinsen, du Hornochse?
HANS Möchte ich auch gerne einmal wissen, was es da zu grinsen gibt.
HELLA Wir machen anstelle den Imitationsreigen.
KARL *tritt an die Rampe:*
  Hochverehrtes Publikum
  infolge einer technischen Panne
  hähähä
  sind wir gezwungen
  anstelle einer etwas abstrakten Szene
  Ihnen die nun sehr realistische zu zeigen
  Es handelt sich um einen bunten Reigen
  naturnaher Imitationen berühmter
  Persönlichkeiten der schweizerischen
  Öffentlichkeit im Zustande
  ihrer schrecklichen Verknüpfung
  mit dem Leben und folglich auch mit dem Tod
  des Journalisten Niklaus Meienberg.

Genau dies tun sie, und später, ungefähr vierzig Minuten vor Ende der Vorstellung, ißt Hans, als hätte er Pause, einen Apfel, und sitzt so, daß er die Beine baumeln lassen kann. Daniel, auf einmal etwas schüchtern und wohl auch ein wenig müde, geht auf ihn zu.

Daniel Ist es richtig, daß du Schulden hast?
 Ist es richtig, daß du ein Haus hast?
 Sonst müßte ich nämlich reden.
Hans Ein Häuschen bloß, ein kleines Backsteinhäuschen. Ich habe es erst ein halbes Jahr. Es ist nichts Großartiges, wirklich nicht, aber es war eine Gelegenheit. Wir haben zwei Stockwerke. Oben ist das Schlafzimmer für mich und meine Frau, und daneben haben wir der Kleinen ein Zimmer eingerichtet. Im Erdgeschoß hat's eine Küche, leider nicht sehr geräumig, und das Badezimmer braucht neue Fliesen. Ich werde ein hübsches Sümmchen aufwerfen müssen, der Keller ist feucht und muß getrocknet werden, und ich weiß nicht, ob wir mit den alten Fenstern durch den Winter kommen. Na ja, die Bausubstanz ist in Ordnung, das Dach wurde vor drei Jahren neu gedeckt, und falls es nochmals Nachwuchs gibt, was ich gehofft haben will, kann ich den Estrich ausbauen. Das gibt ein zusätzliches Zimmer.
Daniel Und das machst du alles selbst, das Badezimmer und den Estrich?
Hans Das ist eine Kleinigkeit. Ich bin eher der praktische Typ.
Daniel Und woher hast du das Geld?
Hans *etwas düpiert:* Zusammengespart habe ich das Geld. Seit ich acht bin, lege ich Fünffrankenstücke zur Seite. Damit kam ich schon auf einen Drittel vom Drittel, den man aufbringen muß. Und meine Frau hat auch einen Drittel beigesteuert, und den Rest – aber das geht dich gar nichts an.
Daniel Dann hast du wirklich große Schulden. Dann ist es gut, daß ich geschwiegen habe.
 Schweigen.
 Ich könnte das ja nicht, mich finanziell so binden.

HANS Wir zwei sind nun einmal unterschiedliche Charaktere. Wir suchen zwar beide die Freiheit, aber wir verstehen etwas anderes darunter. Für dich ist die Freiheit etwas Ideelles, mir ist es wichtig, etwas Eigenes zu besitzen. Wenn man zur Miete ist, zahlt man monatlich in ein schwarzes Loch und muß immer damit rechnen, die Kündigung zu kriegen. Ein scheußliches Gefühl. Diese Abhängigkeit von einem wildfremden Menschen. Frei ist man nur mit eigenem Grund und Boden.
Schweigen.
Verschmitzt: Soll ich dir etwas verraten?
Was mir das Liebste ist an meinem Häuschen?
Hinter dem Haus hat's einen Rosenspalier, und wie ich mir habe sagen lassen, sind es Rosen einer alten und unter Züchtern sehr gesuchten Sorte. Man findet sie heute kaum mehr. Ich habe mir Literatur besorgt. Mit etwas Geschick und Glück gelingt es mir vielleicht, Triebe zu ziehen.
Sie bezahlen acht Franken für einen einzigen Trieb, stell dir das einmal vor!
Und das ist noch nicht alles. Der Spalier führt nämlich zu einem kleinen Pavillon, weißt du, so eine Lustlaube ist das, wo man gemütliche Sommerabende verbringt und wo man auch sitzen bleiben kann, wenn es denn mit Regen kommen sollte.

DANIEL Ein Romantiker!

HANS Und wenn schon!
Weißt du, ich war früher auch politisch, so wie du. Ich habe mich auch engagiert für den Weltfrieden. »Keine Macht für keinen!« – »Macht kaputt, was euch kaputtmacht!« – »Frieden den Hütten, Krieg den Palästen!« Das habe ich hinter mir. Es war ein Drehen im Kreis. Jetzt bin ich wieder rein.

DANIEL Wie meinst du das, jetzt bist du wieder rein?

HANS Ich bin geläutert, lieber Freund. Von diesem kranken Gedankengut ist nichts mehr in mir drin. Ich habe es ausgelöscht. Es kommt auf die Atmung an, und daß man zu Beginn genug trinkt. Fünf Liter täglich sind nicht genug. Und man muß zuhören können, das ist überhaupt das wichtigste. Erst dann kann das Gummiband wirken.

Daniel Welches Gummiband?

Hans Ein acht Meter langes Gummiband. Eine Methode aus Kalifornien. Die haben Erfahrung in so was. Ein Wunder! Man schluckt es Stück für Stück, Zentimeter um Zentimeter, es geht einem durch die Eingeweide, durch den Magen und den Darm, und dabei reinigt es einen von innen. Es nimmt den ganzen Schmutz mit sich, und wenn es dann in der Schüssel liegt, ist man reiner als zuvor.

Aber man sollte es wiederholen, mindestens drei-, besser viermal.

Ich kann es nur empfehlen.

Wenn du möchtest, ich leihe es dir gerne.

Daniel Ich bedanke mich recht herzlich.

Hans Komm doch nächsten Sonntag bei mir vorbei. Meine Frau macht Kartoffelpuffer, und ich kann dir sagen, das sind Kartoffelpuffer, die vergißt du ein Leben lang nicht, die sind nämlich im Schweineschmalz gebacken.

Daniel Es gibt keinen nächsten Sonntag.

Hans So ein Unsinn, natürlich gibt es einen nächsten Sonntag.

Daniel Für dich vielleicht, aber nicht für mich.

Hans *versteht plötzlich:* Ach so, das meinst du.

Schweigen.

Kopf hoch, Daniel, wird schon schiefgehen.

Schweigen.

Habe ich dir eigentlich schon gesagt, daß ich dich bewundere?

Daniel Ich denke, wir sind unterschiedliche Charaktere.

Hans Sind wir, aber ich bewundere dich eben trotzdem. Du läßt dir nichts gefallen.

Daniel *geschmeichelt:* Findest du?

Hans Das brauche ich nicht zu finden, das ist offensichtlich. Ich weiß genau, was dich das kostet.

Daniel Über die Kosten mache ich mir keine Gedanken. Ich tue es einfach.

HANS Eben. Und deshalb gibst du den Meienberg auch so authentisch. Ich kann das beurteilen. Ich habe diesen Menschen nämlich studiert. Ich habe alles gelesen, was er geschrieben hat. Da hat es Dinge darunter, die sind von einer solchen Schärfe – er hat es ja kommen sehen, schon neunzehnhunderteinundsiebzig hat er es kommen sehen.
Es ist klar, daß sie ihn dann umbrachten.
DANIEL Ich denke, es war Selbstmord.
HANS Nun stelle dich nicht so naiv.
DANIEL Und wer hat ihn umgebracht, deiner Meinung nach.
HANS Der Mossad hat es ausgeführt, aber den Auftrag haben die New Yorker Juden gegeben.
DANIEL Daher weht also der Wind!
HANS Er wurde ihnen zu gefährlich. Er wußte zuviel. Er hat sie lange genug aufs Korn genommen, die Silberlinge und die Pomeranzen. Es ist offensichtlich. Man muß die Texte richtig lesen. Dann erkennt man die Verschwörung.
DANIEL Und für einen wie dich soll ich schweigen? Niemals!

Er läßt ihn angewidert stehen und tritt an die Rampe. Er beginnt ins Publikum zu sprechen, im selben Augenblick aber erhebt auch der Chor die Stimme und spricht gegen Daniel an, es gibt also ein Wettschreien; der Chor, in Überzahl, gewinnt natürlich. Was Daniel sagen will, versteht man also nicht.

CHOR
Nachdem der Journalist Meienberg gegen das Unrecht
fünfzehn Jahre geschrieen hat wird es den Mächtigen
genug. Wir haben's gehört. Wir wissen's. Wir beuten
die Schwachen aus bis auf das Blut. Was wir haben
fehlt anderswo. Unser Reichtum ist begründet
auf einem Verbrechen. Kleinlich und lederherzig
engstirnig und geizig sind wir. Die Krume
von unserem Tisch wird den Armen nicht stärken. Wir
unterdrücken die andere Meinung wo wir sie
finden. Wer schon liegt, den treten wir noch.
Für etwas anderes als unseren Einfluß

haben wir keinen Sinn. Undemokratisch
bis auf die Knochen sind wir. Falls wir
überhaupt Knochen haben. Wahrscheinlich
nicht. Knochen sind etwas Menschliches. Menschen
ähneln wir höchstens. Menschen sind wir
gewiß nicht. Wir sind Bestien. Wir wissen's. Wir
haben's gehört. Dafür schämen wir uns auch. Aber
könnte bitte das Schreien nicht wenigstens einen Moment
lang verstummen? Unsere Ohren sind taub. Wir
können die Vögel im Park nicht mehr hören.
Fünfzehn Jahre, mein Gott, irgendwann muß es
damit ein Ende haben. Immer dieses Geschrei!
Wenn er wenigstens einigermaßen gekleidet
wäre und ordentlich rasiert! Daß man ihn
anschauen möchte. Aber er riecht. Gebt ihm
ein wenig Ansehen! Umarmt ihn! Betont
seine Wichtigkeit! Lange hat er die Nase
in den Dreck gesteckt und dazu geschrieen.
Vielleicht wird er schweigen, wenn
das Näschen etwas Gutes riecht. Oder soll er sich
einen anderen Dreck suchen. Falls er
ohne das Schreien nicht sein kann.

1984, ZÜRICH, SCHWEIZ

Die Redaktionstube einer linken Wochenzeitung. Eine politliterarische Debatte befindet sich in ihrer achten Stunde. Meienberg, zwei Redakteure und ein schweizer Schriftsteller sitzen an einem Tisch. Volle Aschenbecher, leere Rotweinflaschen. Der schweizer Schriftsteller trägt ein Seidenfoulard, eine getönte Brille und seine Lebenserfahrung zur Schau. Niemals ist er aufbrausend, immer ist er leicht gekränkt. Seine Gesten sind dezent, sie verraten den Willen zur Aufmerksamkeit; doch ist ihm entgangen, daß Meienberg und die Redakteure während seiner Rede eingeschlafen sind.

DER SCHRIFTSTELLER Warum tust du das, Niklaus? Weshalb wendest du dich gegen mich? Wir waren mehr als Freunde, wir waren Kampfgenossen, erinnerst du dich? Das änderte sich vor fünf Jahren, da wurde ich zum Opfer deiner Vernichtungsprosa. Warum? Eine späte Rache wahrscheinlich, weil ich damals deine Lyrik nicht publizieren mochte. Ich fand sie elaboriert und unter deinem Wert. Aber vielleicht geht es nicht um das. Oft habe ich mich gefragt, ob du mit dieser zerstörerischen, um nicht zu sagen, selbstzerstörerischen Energie um meine Anerkennung kämpfst?
Ich bin Schriftsteller, Niklaus, ich schreibe Romane. Ich entwerfe Figuren, ich entnehme sie manchmal der Wirklichkeit und fülle sie mit meiner Phantasie, manchmal schöpfe ich sie aus meiner Phantasie und fülle sie mit Wirklichkeit. Gerade wie es mir beliebt. Ich hätte der Realität nicht zuerst aufs Maul geschaut, bevor ich sie überhöhte, wirfst du mir vor. Kennst du den Unterschied zwischen einer Sommernacht und dem Sommernachtstraum?
Ich habe in meinem letzten Roman beschrieben, wie einer, der im Monat Oktober aus der Stadt flieht, mit seinem Wagen in einen Laichzug gerät und nicht mehr weiterkommt. Dies sei unmöglich, sagst du, im Oktober gebe es keine Laichzüge.

Du hast in deinem Kopf ein verheerendes Weltbild. Es verbietet dir, die unendliche Fülle von Wirklichkeit auch im Vorgestellten und in den Träumen zu finden. Ein solches Denken ist militärisch.
Wie sollen wir diese Realität ertragen, ohne Phantasie? Halte du dich meinetwegen an das, was du die Wirklichkeit nennst; eines Tages wird diese Wirklichkeit kommen und dich niederwalzen. Du solltest dir daneben eine andere entwickeln, eine Zweitwirklichkeit mindestens, wohin du dich zurückziehen kannst, wenn die erste Wirklichkeit heranrollt.
Du mit deinem phallokratischen Hammer. Entsteigst noch einmal deinem letzten Jahrhundert, wie ein Wiedergänger seinem Grab, sprichst vom Katheder dein Urteil und ziehst dich wieder in das Reich deiner Tugend zurück. Kleiner Robespierre, der du bist. Du weißt ja genau, was sein darf und was nicht. Es will mich nicht trösten, daß du deinen verengten Blick auf meine Kunst anwendest, nur weil du bemerkst, wie begrenzt deine eigenen Mittel sind.
Aber das ist es ja nicht, Niklaus, das wäre alles zu ertragen. Was mich verletzt an deiner Kritik, ist deine fehlende Loyalität. Ob es uns nun paßt oder nicht: Wir Freien, Journalisten wie Schriftsteller, sind alles selbständige Gewerbetreibende. Du weißt, wie Bücher entstehen, handwerklich und in der Abgeschiedenheit unserer Schreibstuben. Eine schlechte Kritik müssen wir wie Geschäftsschädigung betrachten. Du sagst, ich sei korrupt, weil ich hinter vorgehaltener Hand über das letzte Buch meines Kollegen lästere, um es in der Zeitung dann trotzdem euphorisch zu rezensieren. Warum sollte ich riskieren, daß mich mein Kollege das nächste Mal ebenfalls in die Pfanne haut, nur weil ich sein Buch nicht mochte? Was ist schon mein Geschmack? Der Platz in den Zeitungen ist knapp bemessen, und im Gegensatz zu dir habe ich eine Familie zu ernähren. Ich kenne schließlich die Absicht meines Kollegen, und ich weiß, diese Absichten sind redlich. Warum soll eine Krähe der anderen ein Auge aushacken? Habe ich je deine Lyrik

verrissen? Es gibt auf der Welt solche und solche, und das ist gut so. Unser Beruf ist schwierig genug. Das Schreiben ist eine elende Plackerei, laß es uns also nicht auch noch gegenseitig erschweren.
Du willst links sein, aber solidarisch bist du nicht.
Wir müssen zusammenhalten. Gerade in diesen Zeiten. Es geht Schritt für Schritt bergab. Weißt du nicht mehr, wo der Gegner steht? Jetzt berichtest du für die Regenbogenpresse über die Premiere im Opernhaus und reist für eine naturkundliche Zeitschrift nach Spanien. Du wirst alt, Niklaus. Man beginnt, über dich zu lachen. Dein Protest wird zur Posse, er ist bloß noch das etwas verzerrte Abbild deiner Wirklichkeit, ungefährlich wie das Spiegelkabinett auf dem Rummelplatz.
Warum willst du mich über die Wirklichkeit belehren? Laß mir meine Wirklichkeit, ich laß dir die deinige.
Du wendest dich gegen jene, die für dich sind. Für dich sind Freundschaft und Höflichkeit und Zurückhaltung gegenüber den eigenen Verbrechen. Wie sollen wir dich ertragen? Du und deine Tugend! Wie willst du so leben? Mit deiner Tugend als Braut? Kalt und spröde ist sie, deine Braut! *Er schneuzt sich laut.* Ach, wie mich dieser Kleingeist betrübt!

30 MINUTEN VOR ENDE DER VORSTELLUNG
geht Daniel zu Eva.

DANIEL Sie haben sich gegen mich verschworen. Du mußt mir helfen.

EVA *ein wenig betreten:* Wie könnte ich das?

DANIEL *schreibt hastig einige Wörter auf einen Zettel.* Ich schreibe auf, was ich weiß, lenke sie ab, mache einen kleinen Tumult, und du nutzt die allgemeine Aufregung und bringst den Zettel der Presse.

EVA Welcher Presse?

DANIEL Der Presse, die im Publikum sitzt, natürlich.

EVA Also ich weiß nicht.

DANIEL Was weißt du nicht?

EVA Ob das etwas bringt.

DANIEL Natürlich bringt das etwas. Das ist ein guter Plan. Wir müssen diesen Kerlen endlich das Handwerk legen. *Schweigen.*
Ich habe nur noch dich.
Du bist meine Freundin.
Schweigen.
Was ich vorhin gesagt habe, wegen deines Cousins: Wenn wir das hier hinter uns haben, dann will ich es mir noch einmal überlegen.
Schweigen.
Wir müssen etwas unternehmen, sonst nimmt es ein böses Ende. *Er zieht die Handkante über den Hals.*

EVA Wer?

DANIEL *bitter:* Was bist du naiv!
Es ist ein abgekartetes Spiel.

EVA Aber sie werden dich deswegen doch nicht gleich umbringen.

DANIEL Glaubst du vielleicht, die würden mich mit meinem Wissen entkommen lassen?

EVA Das ist Phantasterei!

Daniel Und wie ging das damals mit Mario?
Eva Mario ist von der Bühne gestürzt.
Daniel Ja, natürlich, einfach so zufällig von der Bühne gestürzt, nachdem er an der Betriebsversammlung die Mißstände angeprangert hat.
Eva Er hat sich bloß über das Essen in der Kantine beschwert.
Daniel Sie dulden keine Kritik. Wer es wagt, den Mund aufzumachen, den machen sie kalt.
Eva Was du dir vorstellst!
Daniel *reicht ihr den Zettel.* Tust du es jetzt, ja oder nein.
Eva *liest, was auf dem Zettel steht.* Das ist ja überhaupt nicht schlimm!
Daniel Wie meinst du, nicht so schlimm.
Eva Was dieser Mensch angestellt hat. Wir machen alle Fehler.
Daniel Ich denke, du liebst mich.
Eva Ich habe gesagt, wir könnten es noch einmal versuchen.
Daniel Du verspielst gerade deine Chance.
Eva Erpreßt du mich etwa?
Daniel Wie könnte ich es mit jemandem versuchen, der sich gegen mich stellt?
Eva Ich stelle mich nicht gegen dich.
Daniel Wer nicht für mich ist, ist gegen mich.
Eva Mit deinem Moralismus wirst du nicht weit kommen.
Daniel Im Gegensatz zu dir will ich nicht weit kommen! Ich bin kein Karrierist.
Eva So habe ich es nicht gemeint.
Du solltest einfach ein bißchen mehr Zeit und Energie auf dein Wohlergehen verwenden.
Schweigen.
Schau dich doch einmal an.
Nicht einmal ein sauberes Hemd trägst du.
Du läßt dich völlig gehen.
Daniel Wie soll es mir in einer solchen miesen, korrupten, verlogenen Welt wohl ergehen? Weshalb sollte ich in einer solchen Welt ein sauberes Hemd tragen?
Eva Dies herauszufinden wäre eine Aufgabe.

Daniel Laß mich in Ruhe mit deinem verinnerlichten Geschwätz.
Deine Sehnsucht nach Gemütlichkeit widert mich an.
Eva Die Welt wird nicht besser, indem du dich kaputtmachst.
Daniel Ich mache mich nicht kaputt.
Eva Jedenfalls siehst du nicht so aus wie einer, der glücklich ist.
Daniel Es stellt sich jeder gegen mich.
Eva Ich will nur dein Bestes.
Daniel Das wirst du nicht kriegen.
Eva Du klopfst Sprüche.
Daniel Nein, ich skandiere Parolen.
Schweigen.
Ich habe Kopfschmerzen.
Eva Komm, ich massiere dir die Schläfen.
Daniel *läßt es geschehen.*
Eva Geht es besser?
Daniel Ja. *Er reißt sich plötzlich los.*
Nein, laß mich in Frieden!
Ich werde auf deine Tricks nicht hereinfallen.
Ich brauche keine Linderung!
Zum letzten Mal:
Tust du es, oder tust du es nicht?
Ich zähle bis drei.
Eins.
Zwei.
Drei.
Schweigen.
Ich hätte es mir denken können.
Das ist schicksalhaft.
Und deshalb kann ich dir auch nicht böse sein.
Er sinkt in sich zusammen. Resigniert:
Jetzt muß ich sterben.
Und das ist gut so.
Eva Nun wirst du melodramatisch.
Daniel *beachtet sie nicht.*
Wenn ich dabei bloß nicht so alleine wäre.

Keiner ist mir geblieben.
Wahrscheinlich habe ich es nicht besser verdient.
Weil ich ein Futzkopf bin.
Mit leerem Blick, wie die heilige Johanna auf dem Scheiterhaufen den Himmel, so blickt er die Eva an.
Es sieht vielleicht von außen nicht so aus, aber in Wirklichkeit bin ich ein Pfingstochse, ein Bettelsack, ein Mostkopf, ein Lutscher, ein Schlabbermaul, ein Schweißfußindianer, ein Gorilla Blauarsch, ein Schindaas, eine Zecke, nicht besser als eine gewöhnliche Badhur, eine Kellerassel, ein falscher Fuffziger, da würdest du als Heilige nicht glücklich.

Eva Laß diesen Unsinn.

Daniel Nein, das ist kein Unsinn. Das ist die Wahrheit. Außen fix und innen nix, so schaut es mit mir aus. Ich hätte es schon längst bekennen können, daß ich ein Absamer bin, ein Hühnerficker, ein Kackstiefel und eine Knallcharge. Ein Kniefiesel. Ein Übergescheiter, aber das ist ja offensichtlich. Was weniger bekannt ist, daß ich ein Seichbeutel bin, ein Halbaffe, ein Dreckkäfer und ein Sparifankel.

Eva *ehrlich besorgt:* Dir geht es nicht gut. Du fällst in eine Depression. Du brauchst Ruhe.

Daniel Beinahe hättest du dich auf einen Notstopfer eingelassen, meine Liebe. Auf einen Nabelficker, einen Dudelmann, auf einen Matzfotz. Innen drin ist bei mir alles schmutzig wie auf einer Latrine. Ich bin eigentlich eine Latrine. Ein Madensack, aber das zu erwähnen ist ja überflüssig. *Er schweigt eine Weile.*

Eva Komm, laß gut sein.

Daniel *wie aus einem Hinterhalt:* Ein Misthaufen bin ich, ein Fetzenschädel, ein Nillenflicker, ein Nöler, eine Blutsau, bestenfalls und an Sonntagen hin und wieder ein Schnulzier, ein Eierkopf, ein Angstarsch, ein Flachwichser, ein Blechschwätzer, ein Hackklotz, eine Lausewenzel, eine Sozialleiche, ein Winsler, ein Geschmeiß, ein Natterngezücht, ein Entenmelker, ein Trollo, ein Zulukaffer.

Hella Hoho, man benehme sich!

DANIEL Ein Zunzel, ein Zusel, ein Zuttel, ein Schnarchsack, ein Rotzaffe, eine Mistsau, das bin ich, und auch ein Futzkopf. *Sehr zärtlich:* Sei du deshalb froh, daß ich jetzt beiseite geschafft werde.
KARL Hast du schon gesagt.
DANIEL Was habe ich schon gesagt?
KARL Futzkopf, du hast Futzkopf schon gesagt.
DANIEL Und wenn schon.
KARL Nicht und wenn schon. Das ist doof, wenn man zweimal dasselbe sagt. Da muß einer doch ein Hirn aus Hafergrütze haben, wenn er zweimal dasselbe sagt.
DANIEL Sag das noch einmal.
KARL Du hast ein Hirn aus Hafergrütze.
Sie geraten sich wieder in die Haare.
CHOR
Hochverehrtes Publikum! Wir waren bestrebt Ihnen
den Tod des Journalisten Meienberg zu zeigen
anhand einiger Szenen von denen man glaubt
sie seien gegriffen aus seinem Leben. Es warten
noch eine Menge weiterer Szenen. Leider
Sie sehen es wird die Zeit nicht mehr reichen.
Wir haben uns ehrlich bemüht. Die Umstände
waren heute leider nicht danach. Wenn Sie möchten
dürfen Sie mit einer neuen Karte noch einmal
kommen. Dann zeigen wir Ihnen die wirklich glorreichen
Momente. Das heimliche Fotografieren der Briefe des
Herrn Ulrich Wille seines Zeichens General
der schweizerischen Armee neunzehnvierzehn bis
achtzehn an seine Frau in denen gewisse Obszönitäten
von denen man nicht glaubt sie seien möglich
ans Licht kommen. Das müssen Sie sehen! Das
kann man sich nicht vorstellen. Auch nicht wie
artig der Journalist den Kulturpreis seiner
Heimatstadt entgegennimmt. Wie fein und mit
redlichem Herzen er den Tod seines lieben
Mütterchens beweint. Heiteres wie seinen

fünfzigsten Geburtstag. Auch Finsteres
natürlich wie die zwei hinterhältigen Araber die ihm
auf dem Nachhauseweg auflauern und ihn niederknüppeln.
Und während wir hier also erzählen
was zu sehen wäre würde die Zeit noch
reichen verstreicht diese Zeit und es bleibt uns
kaum noch Zeit unseren Teil des Vertrags zu
erfüllen und Ihnen zu zeigen was zu sehen
Sie bezahlt haben und weswegen Sie hier
hergekommen sind. Den grausamen, in
seiner Art jedoch exemplarischen Tod des
Journalisten Niklaus Meienberg mit welchem
das vergangene Jahrhundert zu Ende ging.
Falls die Feinfühligen unter Ihnen denken
das Schließen der Augen würde sie bewahren
vor aller Scheußlichkeit so müssen wir leider
betonen: Noch scheußlicher als die Bilder
sind die Geräusche. Wer nicht vier Hände hat
der verlasse jetzt besser den Saal. Den anderen
wünschen wir neben geistiger Erbauung
recht viel Vergnügen.

15 MINUTEN VOR ENDE DER VORSTELLUNG
stellt sich Karl neben Daniel. Freudig.
KARL Bist du bereit? Jetzt geht es ans Sterben.
DANIEL *ringt nach Atem.*
KARL Was hast du?
DANIEL Es geht schon.
HANS Da bin ich froh. Also los. Nur aufrecht!
DANIEL Ich muß mich ein wenig ausruhen.
HANS Ausruhen? Jetzt? Dazu fehlt uns die Zeit. Wir müssen weiter.
DANIEL Einen Augenblick nur. Laß mich an dir anlehnen. *Er tut's.*
HANS Aber nicht zu lange, du weißt, die Zeit wird knapp. Jetzt soll unser Pas de deux kommen. Unser kleines, schwarzes Tänzchen. Der Augenblick, in dem man's endlich zu verstehen beginnt. Um was es geht. Was eigentlich der Punkt ist an der Geschichte. Wie die Psyche dieses Journalisten beschaffen war. Nicht, daß die anderen Szenen überflüssig wären, bestimmt nicht, sie sind alle sehr wichtig für den Unterbau, aber die Wende, dort wo das Spezifische allgemein wird, wo deutlich wird, wie rein und unverfälscht sich in diesem einen Schicksal die Befindlichkeit der Gesellschaft zum Ende des letzten Jahrhunderts spiegelt, das kommt jetzt!
Dies ist der Lackmustest!
Diese Szene pfeffert!
Da kann sich keiner mehr in seinen Sitz verkriechen!
Nun wird hingeschaut und nicht geblinzelt!
Hurra!
Wie ich mich auf den Moment freue, wenn im Saal ein Vakuum zu entstehen scheint, weil hundert Lungen gleichzeitig einatmen vor Schreck –
Er erinnert sich an Daniel.
Geht's?

Daniel Bald.
Hans Wir sind in Verzug!
Daniel Es ist nicht meine Schuld.
Hans Wir sollten schon bei der ersten Kulmination sein. Dort, wo wir, du als Meienberg, ich als Kunz, der Journalist, bei mir zu Hause vor dem Fernseher sitzen, es ist Januar 1991, diese fantastischen Weißwürste aus deiner Heimat verschlingen und CNN endlich meldet: WAR IN THE GULF! Wo ich als Journalist schreie, Gottseidank, endlich, das neue Zeitalter hat begonnen, die tote Zeit ist zu Ende! Gepriesen seien die grünspanigen Bilder aus Babylon, verdammt sei die Finsternis über Euphrat und Tigris, gepriesen die Technik, die sie erleuchtet! Heil dir, Fernsehen, heil dir, Peter Arnett, heil! Heil dir, Gegenwart, daß du uns wieder Kriege führen läßt! Wie lange glaubten wir, auf ewig in der gräßlichen Stille des Friedens leben zu müssen! Wie lange saßen wir im grauen Limbo? Seit neunundachtzig! Eine halbe Ewigkeit!
Was ist unser politischer Diskurs, wenn er das Finale nicht kennt? Bloß ein Sumpf verfaulter Argumente! Jetzt ähneln die Kommata in unseren Berichten den Feuerschweifen der Luft-Boden-Raketen, die Punkte Detonationskratern in der irakischen Wüste. Unsere Worte haben wieder die größte und erhabenste aller Entsprechungen in der Wirklichkeit: den Krieg. Wie erklecklich sich das Grollen im Orient in unseren Texten ausnimmt! Wie neu die Wege sind, die unsere Beweisführung zu begehen hat! Ach, wie dumm wir waren, zu wünschen, aus der Agonie nach neunundachtzig zu erwachen. Wir werden nie wieder erwachen, nein, zum Glück nicht, denn wir werden die Agonie genießen lernen. Wir werden uns endlich im Krepieren üben, wir werden an uns den Zerfall entdecken, und wir werden ihn schön finden. Ja.
Und du als Meienberg wirst sagen:
Daniel *sehr schwer atmend:* Man muß den Krieg bekämpfen.
Karl Den Krieg bekriegen, wie?
Daniel *sehr schwer atmend:* Das ist der Untergang der Welt.

Nun werden sich der Kleine Bruder aus dem Osten und der
Große Bruder aus dem Westen gegen den Onkel im Süden
verbünden, und der Himmel wird schwarz werden, und
Rauch wird die Sonne verdunkeln, und sauer wie Galle wird
das Wasser in den Seen und Flüssen werden, und die Mütter
werden bald keine Kinder mehr gebären, nur noch Mißge-
burten werden aus den Weibern kriechen, Gestalten mit drei
Köpfen und vier Armen und Ohren wie die von Fledermäu-
sen und Haut wie Echsenhaut, und das Geschlecht der Menschen wird ausgelöscht vom Antlitz der Erde.

KARL Siehst du, wieviel Poesie im Krieg ist.

Schweigen.

Aber du als Meienberg begreifst das nicht, willst den Krieg
verhindern. Telefonierst, schreibst Briefe, sprichst auf Ver-
anstaltungen, tust, was du glaubst in dieser Situation tun zu
müssen. Und hast nicht mal einen Laptop und warst noch
nie im Web. Stellst hingegen eine Sekretärin an, die neun-
zehnhundertachtundsiebzig in Rostock Vizeweltmeisterin
im Stenographieren wurde und sich nur von einer aus der
DDR hatte schlagen lassen, was sie immer noch schmerzt.
Diktierst ihr meterlange Faxe. Willst die Pazifisten mobili-
sieren und deinen Freund Max Frisch, aber Pazifisten gibt es
keine mehr, und der Dichter verheddert sich im meterlangen
Fax und stirbt daran. Kaufst einen feuerroten BMW, läßt
dich von einem Chauffeur durch das Land fahren, inkognito,
weil du dich vom Mossad verfolgt fühlst. Trägst Borsalino
und Trenchcoat auch bei dreißig Grad im Schatten. Wenn
Freunde kommen, behauptest du, schon den ganzen Tag an-
onyme Anrufe zu erhalten, und dann verschwindest du auf
einen Moment ins Nebenzimmer und rufst dich mit deinem
Handy selbst an, schreist: Nehmt doch bitte das Telefon ab,
und sie nehmen ab, und du bedrohst als anonymer Anrufer
den Journalisten Meienberg in Englisch mit hebräischem
Akzent. Du lädst deine linken Kollegen auf deinen Gutshof
ein und zwingst sie, zu reiten und hinterher in der kleinen
Kapelle benediktinische Choräle zu singen, und alle finden

dich merkwürdig, weil du sie beschimpfst und als Feiglinge titulierst. Es geht ihnen nicht um sich selbst; sie finden, du seiest überhaupt nicht mehr du selbst. Deine Texte druckt man noch, aber auf deine eigene Verantwortung. Und das alles ginge und wäre zu ertragen, denn von dir als Meienberg war man sich ja derlei gewohnt, aber dann tust du, was du niemals nicht tun dürftest, etwas so namenlos Schreckliches, etwas so einfältig Blödes, daß alle erstarren und die Hand nicht mehr ausstrecken zur Hilfe und nur sagen:

THOMAS Der Junge ist verloren.
HANS Schade um die Saftwurzel.
HELLA Ade die große Hoffnung, dahin, dahin.
EVA Ich habe es gewußt. Man hat es kommen sehen.
RUTH Jetzt wird er wohl sterben, aber in der Liebe ist er nun aufmerksam.
Schweigen.
KARL Tatsächlich, du als Meienberg stirbst schließlich, einsam zwar, aber gut organisiert und ordentlich. Du machst es dir selbst, jedoch schmierig wirst du deswegen nicht. Du bleibst sachlich wie immer. Diskretion ist die Eitelkeit der Könige. Einfach nur die Aufgabe lösen: Wie entferne ich aus zweihundert Pfund Fleisch das Leben.
Schweigen.
Aber lassen wir das. *Schaut auf die Uhr.*
Das wäre unsere Szene gewesen. Die Knallerszene.
Jetzt ist sie geplatzt. Deinetwegen.
DANIEL Ich fühle mich nicht gut.
KARL Wen kümmert das?
Es bleibt still. Gerade viele kümmert's nicht.
Schweigen.
Tu mir einen Gefallen.
Sage deinen Satz noch.
DANIEL Welchen Satz soll ich sagen?
KARL Den schrecklichen Satz. Den einfältig Blöden.
DANIEL *holt Luft und setzt gerade zum Sprechen an, da schlägt Karl ihn nieder. Daniel fällt, schlägt auf und bleibt liegen.*

Karl Genau das sollst du für dich behalten!
Jetzt wird dir der Tod das Maul stopfen.
Thomas Der Junge ist verloren.
Hans Schade um die Saftwurzel.
Hella Ade die große Hoffnung, dahin, dahin.
Eva Ich habe es gewußt. Man hat es kommen sehen.
Ruth Es geht ihm schlecht, aber in der Liebe ist er nun aufmerksam.
Schweigen.
Karl Holt Tabletten, Watte, Plastiktüte.
Hella *während sich die fünf anderen an Daniel zu schaffen machen, ihm Tabletten geben, einen Watteverband um den Kopf binden und eine Plastiktüte, auf der »Save the Whales« steht, über den Kopf stülpen:*
Lieber Freund, das war unfair. Jetzt bist du übers Ziel hinausgeschossen. Alles, was recht ist, wie man so schön sagt, aber was zu weit geht, geht zu weit. Du weißt, daß ich immer dein Freund gewesen bin. Ich habe deine Arbeit sehr geschätzt, weil sie nötig ist, weil jemand die schwierigen Dinge sagen muß. Wir haben dich gebraucht. Auch wenn die Gesellschaft sich für diese Leute schämt, braucht sie doch die Latrinenputzer, die Hundefänger, Abdecker und Schweineschlachter. Ich habe immer versucht, dir die Beleidigungen nachzusehen, denn schließlich: Wo gehobelt wird, fallen Späne, nicht wahr? Eier muß zerschlagen, wer ein Omelett will. Etcetera Etcetera. Ich habe versucht, deine Polemik zu billigen. Ich bin für dich eingestanden. Gott ist mein Zeuge. Wie oft habe ich dich verteidigt, manchmal sogar wider besseres Wissen, nur weil ich wußte, wenn ich jetzt nicht für ihn einstehe, ist der Bursche erledigt. Ich bin den Weg bis dahin mitgegangen. Aber nun muß ich mich abwenden. Es ist schade um dich, denn du hattest Talent.
Du hast eine Linie überschritten, die nicht überschritten werden darf.
Schweigen.
Meine persönliche Verletzung spielt keine Rolle, damit

kann ich leben. Was mir unerträglich ist, ist die Dummheit, die sich in deinem Verhalten zeigt. Du glaubst, eine Berufung zu haben, und früher waren wir alle eifersüchtig auf deine Leidenschaft im Stil, jetzt sind wir froh, davon verschont geblieben zu sein. Denn wir kennen vielleicht noch das Wie, doch das Wozu haben wir vergessen.

Karl und Hans legen den verpackten Daniel auf das Bett, das in der Ecke steht.

HELLA Was hast du geglaubt, was wir Menschen für Kreaturen sind? Du magst ein Bild von unserer Gattung haben, aber, mit Verlaub, dieses Bild findet keine Entsprechung in der Wirklichkeit. Gerechtigkeit! Pah! Das ist ein Begriff für Kinder! Was ist die Gerechtigkeit gegen den Lebensüberdruß, den wir empfinden? Wir fühlen uns gut dabei. Wir dürfen verrotten und müssen nicht mehr tun, als seien wir lebendig. Nur wer sich sterbend fühlt, kann sich genießen.
Sie geht ganz nah.
Das ist eine revolutionäre Kategorie, mein Lieber, das Genießen.
Schweigen.
Sie blickt auf die Uhr.
Die Zeit fliegt, mein Freund, es kommen andere nach uns, sie sind schon da. Wenn du das Licht löschst, zünden sie ein weiteres an. Und es liegt kein Sinn in ihrem Licht, und es liegt nicht mehr Sinn in deinem Erlöschen. Dunkel war's und ist's, dunkel wird es werden.
Sie wendet sich an Karl und Hans.
Und?
HANS *fühlt Daniels Puls. Dann nickt er.*
HELLA Immerhin, dafür hat die Zeit gereicht. Ich hätte einen schönen Schlußsatz gehabt. Na, ich sage ihn beim nächsten Mal.

Die Uhr ist bei Null angelangt. Nun wird es dunkel.

Fin de la Bobine

Die sexuellen Neurosen unserer Eltern
Schauspiel

Dora
Doras Mutter
Doras Vater
Doras Chef
Doras Arzt
eine Frau, das ist die Mutter des Chefs
der feine Herr

Ein Gemüsestand
eine bürgerliche Wohnung
eine Arztpraxis
ein Hotelzimmer
eine Bahnhofshalle
ein Campingplatz

Mitarbeit: Barbara Frey, Judith Gerstenberg

1. ARZTPRAXIS.
AN EINEM FAHLEN NACHMITTAG.
Die Mutter. Der Arzt. Dora.

MUTTER Tagsüber war Dora apathisch, und mitten in der Nacht hat sie dann manchmal geschrieen in einem hohen Ferkelton. Einmal hatte sie sich eingeschlossen und die Zimmertür verriegelt. Es war nicht auszuhalten. Und als die Feuerwehr kam und einstieg über den Balkon mit einer Leiter, da wurde sie auf der Stelle still und meinte, ich solle Kaffee kochen für die Männer. Es sei kalt draußen und schließlich immer noch Nacht.
ARZT Ich habe die Geschichte gehört.
Die Gegend ist nachsichtig dank ihrem Humor.
MUTTER Wir haben alles versucht, jeden Wirkstoff, jede Kombination, wir gaben nicht auf, bis wir das Richtige hatten. So wurde sie stiller und stiller: mit meiner Liebe und der Beharrlichkeit und Ausdauer des Arztes.
ARZT Schön, daß es Dora bessergeht.
MUTTER Ich weiß nicht, ob es ihr bessergeht. Ja, sie schreit nicht mehr, aber sie lacht auch kaum, weint nie, ißt, was man ihr vorsetzt. Seit zwei Jahren hat sie kein rechtes Gespräch geführt, nur Phrasen wiederholt sie, Aufgeschnapptes. Hin und wieder summt sie ein Lied, von dem keiner weiß, wo sie es herhat. Verstehen Sie mich nicht falsch. Undankbar bin ich nicht. Aber manchmal wünsche ich die Tobsuchtsanfälle zurück. Doras Lachen, das lauter war als das Lachen meines Mannes, und tiefer. Man glaubte, in meinem Mädchen hocke ein Seemann oder ein Schlachter.
ARZT Haben Sie darüber mit meinem Vorgänger gesprochen.
MUTTER Ich traute mich nicht. Er hat sich unendlich Mühe gemacht mit ihr. Dora war seine Passion, er hat alles versucht. Schrieb über sie. Kam zu uns nach Hause, wenn's nötig war, auch an Sonntagen und nachts. Nie habe er ein

Mädchen getroffen, das sei wie sie. Auf den ersten Blick wie jedes andere Kind. Ein Haarbreit nur neben unserer Welt, und von ihr doch unüberwindlich getrennt. Der Mann liebte meine Tochter. Mehr als mir gehörte sie ihm. Jetzt ist der gute Mann tot. Ich möchte meine Tochter zurück.

Arzt Ich verstehe nicht.

Mutter Ich will, daß Sie die Medikamente absetzen.

Arzt Haben Sie sich das gut überlegt.

Mutter Wenn's schiefgehen sollte, bleibt uns diese Kombination. Damit ist sie eingestellt. Darauf können wir immer zurück.

Arzt Ihre Tochter ist auf die Medikamente angewiesen.

Mutter Zum letzten Mal hatte ich meine Tochter, als sie ein Kind war. Jetzt ist sie beinahe erwachsen. Ich sah, wie sich ihr Körper veränderte. Ich möchte sehen, wie verändert ihr Inneres ist. Was unter dem ewig gleichen Gesicht liegt.

Arzt Wenn ich mir die Krankengeschichte ansehe.

Mutter Sie brauchen mir das nicht vorzulesen. Ich kenne die Geschichte gut. Ich kenne sie ausgezeichnet. Ich möchte einen Schritt wagen. Ich habe Zeit. Mein Mann arbeitet viel, und andere Verpflichtungen als Dora habe ich keine. Mit Ihnen will ich's versuchen. Oder mit einem anderen Arzt.

Arzt   Kann Dora mich verstehen.

Mutter Natürlich.

Arzt Guten Tag, Dora.

Dora Hallo.

Arzt Wie fühlst du dich.

Dora *zeigt dem Arzt die Zunge.*

Mutter Ist gut, Dora.
 Nimm die Zunge rein.
 Er wird dich nicht untersuchen.

Arzt Was meinst du zur Idee deiner Mutter.

Dora Weiß nicht.

Arzt Sie möchte deine Medikamente absetzen.

Dora Ooch.

Arzt Gefällt dir das nicht.

Dora Weiß nicht.

ARZT Hast du Angst davor.
DORA Weiß nicht.
ARZT Du hast dich daran gewöhnt.
DORA Weiß nicht.
ARZT Verstehst du überhaupt, was Medikamente sind.
DORA Weiß nicht.
MUTTER Natürlich weißt du es, Dora.
DORA Ah ja, klar weiß ich es.
ARZT Also.
DORA Wir sollten zuerst Papa fragen.
MUTTER Ich hab's mit ihm besprochen.
ARZT Und was meint er.
DORA Ja, was meint er.
MUTTER Er ist einverstanden.
DORA Nun, dann los, auf was warten wir.

2. AN EINEM GEMÜSESTAND AM BAHNHOF. MAN HÖRT VON FERN DIE ZÜGE. ES GEHT SCHON GEGEN ABEND.

Der Chef. Dora. Die Mutter vom Chef.

CHEF Ich habe es gesehen, Dora. Ich habe es ganz genau gesehen. Den ganzen Morgen habe ich dich beobachtet. Hast du es bemerkt.
DORA Nein.
CHEF Ich nehme meine Augen nicht von dir. Nicht eine einzige Sekunde. Keine deiner Bewegungen entgeht mir. Wie fühlst du dich.
DORA Gut.
CHEF Unkonzentriert bist du. Hör zu, Dora. Auch wenn für dich jetzt ein neues Leben beginnt, es ist eine Ordnung in der Welt, und den Kohl stellst du jetzt wieder zuhinterst in die Reihe. Schau, das ist eine einfache Rechnung:
Was kostet der Kohl.
DORA Einsneunzig das Kilo.

CHEF Richtig. Und von einem Kilo Kohl lebt eine Familie zwei Tage. Zwei Tage. Da müßten wir verlumpen, wir müßten den Laden schließen. Unsere Miete ist zu hoch, um Kohl zu verkaufen. Aber du würdest Runkelrüben verkaufen und Futtermais, wenn ich ihn bestellen würde. Wir verkaufen kein Suppengemüse, Dora. Wir sind kein Suppengemüse-Laden! Also: in der ersten Reihe haben wir Spargel, Brunnenkresse, Schwarzwurzeln, aber nur geputzte, siehst du, Schnittsalat ist in der ersten Reihe, die Kanada-Reinette von Oktober bis in den November, ab November aber ist es Lagerobst. Und dieser Laden führt kein Lagerobst. In der ersten Reihe sitzt die zarte Kefe, ja, und das Erbschen, verstehst du, die Bohne nicht, die Bohne ist höchstens dritte Reihe, daneben Mangold und der alberne Topinambur. In die erste Reihe wird es das Zeugs bei mir nie schaffen, obwohl er es vom Preis her dreimal mit der Brunnenkresse aufnehmen könnte. Nur: in der Welt schaffen es die Kostbaren auch nicht in die erste Reihe, wenn sie denn ein Gesicht haben wie eine Saatkartoffel im dritten Jahr auf ihrer Hurde. Aber das weißt du doch alles.
DORA Ja.
CHEF Also.
DORA Weiß nicht.
CHEF Sind es die Medikamente.
DORA Weiß nicht.
CHEF Warum hat sie es nicht mit mir besprochen. Es geht mich etwas an. Ich habe eine Meinung dazu. Ich arbeite mit dir. Sie hätte mich fragen sollen, was ich von der Sache halte. Das nehme ich deiner Mutter übel. Diese arrogante Herumexperimentiererei. Es ist dir gutgegangen, was muß sie daran ändern. Das nehme ich ihr wirklich übel. Nicht dir, Dora, hörst du. Dir nehme ich es nicht übel. Dir nehme ich nichts übel. Aber ich spüre es, wenn du unkonzentriert und unruhig bist. Das ist nun einmal so. Es ist, als wäre ich selbst unkonzentriert. Und wenn du keine Medikamente nimmst, dann nehme gewissermaßen auch ich diese Medi-

kamente nicht. Deshalb geht es mich etwas an, wenn es dir schlechtgeht.
Und es darf uns nicht schlechtgehen.
Es geht schon dem Laden schlecht.
Schweigen.
Wir gehen pleite, Dora, hihi, dir kann ich es ja sagen.
DORA Ooch.
CHEF Und Mutter krepiert, wenn wir pleite gehen. Garantiert. Das überlebt sie nicht. Aber zum Glück weiß sie nichts.
DIE FRAU Was weiß ich nicht.
CHEF Nichts, Mama, nichts weißt du nicht.
DIE FRAU Mit wem unterhältst du dich die ganze Zeit.
CHEF Mit Dora, Mama, ich unterhalte mich mit Dora.
DIE FRAU Laß das Kind einmal fünf Minuten in Ruhe.
CHEF Ich habe ihr eine wichtige Sache zu erklären.
DIE FRAU Laß das Mädchen in Frieden.
Haben wir keine Kundschaft.
CHEF Selbstverständlich haben wir Kundschaft, Mama, selbstverständlich. *Zu Dora:* Sie wäre innerhalb einer Woche unter der Erde, mit Sicherheit, wahrscheinlich schon nach drei Tagen. Dann könnte sie uns nicht mehr stören. Aber dann.
Was dann, Dora. Was würde dann aus dir. Was würde aus uns. Es gäbe keinen Laden mehr. Und ohne den Laden können wir uns nicht sehen, aber wir können nicht zusammenkommen. Du kennst den Grund.
Weißt du, Dora, wir zwei, das geht nicht, wir sind zu verschieden, das geht nicht, nicht in diesem Leben, nicht in dieser Welt.
Und darum brauchen wir den Laden. Darum mußt du dich konzentrieren, mit oder ohne Medikamente.
Wir dürfen nicht pleite gehen.
Lieber gehen wir kaputt, als daß wir pleite gehen.
Also los, zurück an die Arbeit.
Schon Feierabend.
Dann gib mir einen Kuß.

3. ZU HAUSE. AM BETT. EIN NACHTLICHT GLIMMT
FRIEDLICH, UND VOR DEM FENSTER LAUERT DUNKEL
DIE NACHT.

Mutter. Dora.

MUTTER *liest aus einem Buch:* Es lebte einst ein reicher Herr, der besaß den allerschönsten Koffer, der im Land zu finden war. In diesem Koffer lebte ein Frosch. Der Frosch war groß wie ein Kind, und er brachte dem Herrn Glück. Was der auch immer anpackte, welche Arbeit, welche Unternehmung, welche Liebschaft, alles geriet ihm, weil er diesen fabelhaften Frosch besaß. Der Frosch machte auch, daß der Herr bei allen Leuten sehr beliebt war. Der Präsident des Landes war sein bester Freund und lud ihn oft zum Essen ein und besprach mit ihm seine Probleme. Später tranken sie Schnaps und erzählten sich Witze. Danach ging der Herr nach Hause zu seinem Frosch, der brav in seinem Koffer saß. Der Frosch war sehr genügsam, trank ab und an ein Gläschen Apfelwein und war zufrieden, wenn er jeden Tag ein halbes Dutzend gewöhnliche getrocknete Schmeißfliegen zu fressen bekam. Die Fliegen besorgte der Mann in einem Laden für Fischereibedarf, und der Frosch wünschte niemals etwas anderes. Es gab bloß eine kleine Besonderheit, die der Frosch verlangte. Der Herr hatte ihn einmal wöchentlich zu baden, und zwar in einem warmen Seifenbad. Es durfte ganz gewöhnliche Seife sein, die allereinfachste aus dem Supermarkt, zweiachtzig für fünf Stück. Der Mann mußte mit einer Käseraffel eine ganze Seife zerreiben, die Flocken kamen in ein flaches Becken, dazu gab er lauwarmes Wasser. Da hinein setzte er den Frosch, der überhaupt nichts tat, nicht in der Lauge schwamm und auch nicht planschte, nur ein paar Mal zufrieden quakte. Nach einer Viertelstunde packte der Mann seinen Glücksfrosch, hielt ihn unter den laufenden Wasserstrahl und spülte den Schaum ab vom grünen Leib. Der Frosch ließ seine hellgrünen Beine hängen, so, als sei er schon tot, aber der Herr

wußte, daß sein Glücksfrosch dies am allerliebsten mochte. Mit Küchenkrepp tupfte er ihn trocken. Dann kam der Frosch, der ein Glücksfrosch war und dem Mann alles geraten ließ, zurück in den Koffer. *Zu Dora:* Schläfst du.
Dora Ich kann nicht.
Mutter Warum nicht.
Dora Das Märchen ist zu langweilig.
Mutter Magst du keine Frösche.
Dora Ich mag keine Märchen.
 Hab sie noch nie gemocht.
Mutter Und ich mache mir die Mühe und renn die Bibliotheken ab, damit ich dir jeden Abend ein neues vorlesen kann. Warum hast du nie etwas gesagt.
Dora Ich konnte nicht.
Mutter Warum nicht.
Dora Weiß nicht. Es war mir egal. Ich fand die Märchen dumm, aber es war mir egal.
Mutter Geht es dir auch mit anderen Dingen so. Daß du sie dumm findest und nichts sagst.
Dora Weiß nicht. Doch. Ich mag eigentlich keine Hosen.
Mutter Welche Hose magst du nicht.
Dora Alle. Alle Hosen mag ich nicht.
Mutter Aber ich kaufe dir ausschließlich Hosen.
Dora Mir gefallen Röcke besser.
Mutter *lacht.* Dann werfen wir die verdammten Hosen einfach weg.
Dora Alle.
Mutter Ja, alle.
Dora Die Jeans möchte ich behalten.
Mutter Dann werfen wir alle weg, bis auf die Jeans. Und morgen gehen wir Röcke kaufen.
Dora Okay.
Mutter Ach, Kind, ich bin so glücklich. Diese Ärzte mit ihren Medikamenten. Jetzt machen wir Schluß damit. Keine Pillen mehr, nie wieder. Versprochen. Willkommen, Dora, willkommen in der Welt.

4. AM STAND. AN EINEM LICHTEN MORGEN. DIE NACHT HAT ES GEREGNET.

Der feine Herr. Der Chef. Die Frau. Dora.

DER FEINE HERR *spricht Dora freundlich an:* An einem Tag wie heute wären Stachelbeeren zum Frühstück allerliebst. Eine unwiderstehliche Frucht. Für mich. Ich kann's selbst nicht erklären.

CHEF *mischt sich ein:* Es ist nicht die Zeit für Stachelbeeren.

DER FEINE HERR Sie führen keine Importware.

CHEF Beinahe ausschließlich. Bloß keine Stachelbeeren. Ißt keiner mehr. Versuchen Sie eine exotische Frucht. Einen Granatapfel, zum Beispiel. Reif und von Hand gepflückt.

DER FEINE HERR *mit einem Blick auf Dora:* Sie haben's mit den Exoten, scheint's, und nicht nur beim Obst.

CHEF Ha ha ha, es ist doch nichts dabei, mir macht die Sache ja Spaß, und Dora ist ein Goldschatz! Ein Goldschatz!

DER FEINE HERR Man sieht's dem Mädchen an.

CHEF Dora gehört zum Laden. Gewissermaßen mein Steckenpferd, verstehen Sie. Was man von ihr alles lernen kann. Unvorstellbar. Wahnsinn. Großartig. Der Herrgott im Himmel hat nicht umsonst vielerart Menschen gemacht.

DER FEINE HERR Verzeihen Sie meine Neugier: Wie hoch ist die staatliche Unterstützung.

CHEF Staatliche Unterstützung.
Ein Witzbold.
Mama.
Komm einmal her, sei so lieb.

DIE FRAU *tritt auf:* Was ist.

CHEF *lachend:* Das hast du noch nicht gehört. Fragt mich der Herr ins Gesicht, wie hoch die staatliche Unterstützung sei. Ins Gesicht.

DIE FRAU Welche staatliche Unterstützung.

CHEF Die staatliche Unterstützung für Dora.

DIE FRAU Wer denkt dabei an so etwas. Spielt doch keine Rolle. *Tritt ab.*

CHEF Entweder man fühlt die soziale Verantwortung, oder man fühlt sie eben nicht. Wäre sie umsonst, wäre jeder ein Menschenfreund.
Es ist der stille Boykott, der uns zu schaffen macht.
Keiner sagt es mir offen ins Gesicht, aber ich bin nicht blind. Sie glauben, bloß weil Dora ist, wie sie eben nun einmal ist, sei sie nicht sauber. Sie glauben, mein Obst und das Gemüse seien hygienisch nicht einwandfrei.
Dora, komm einmal her.
DORA *tritt hinzu.*
CHEF Zeig dem Herrn deine Nägel. Sei so lieb.
DORA *zeigt dem Herrn die Nägel.*
CHEF Und.
DER FEINE HERR Tadellos.
CHEF Heb deine Arme. Wenn du so gut sein willst.
DORA *tut's.*
DER FEINE HERR *besieht sich ihre Achselhöhlen.*
CHEF Treten Sie ruhig näher. Sehen Sie Ränder. Sehen Sie nicht. Wir achten peinlich darauf, daß unsere Dora reinlich ist. Aber es nützt nichts. Die Leute glauben, das Mädchen an sich sei schmutzig und ein Bakterienherd. Es hilft nichts, daß ich die Berichte vom Hygieneamt aushänge. Die Leute wollen ihr Gemüse nicht von einem Mädchen wie Dora angefaßt haben.
DER FEINE HERR Dabei sind diese Leute doch normal.
CHEF *plötzlich mißtrauisch:* Was für Leute.
DER FEINE HERR Ich meine, Leute wie Dora.
CHEF Stören Sie sich daran.
DER FEINE HERR Überhaupt nicht.
CHEF Gefällt Ihnen Dora nicht.
DER FEINE HERR Sie hat ein hübsches Lächeln.
CHEF Die Medikamente machen ihr die Zähne kaputt.
Danke, Dora, du kannst die Arme wieder runternehmen.
DORA *gehorcht auch dieses Mal.*
CHEF Dora ist ein Unikum. Die Wissenschaft interessiert sich für sie, an den richtigen Stellen kennt man ihren Wert,

und die Medikamente werden nun abgesetzt. Der Arzt merkt noch nichts. Aber ich habe es gemerkt. Das fühlt man. Wenn man so nah ist wie ich. Na, ich nehme es, wie's kommt. Was auch zum Vorschein kommt. Dora ist mein Mädchen.
Sie hat mir die Augen für die Schönheit der Welt geöffnet. Sie hat mir gezeigt, was im Leben wesentlich ist.
DER FEINE HERR Ein Beispiel, ich bitte darum.
CHEF Das würde zu weit führen.
DER FEINE HERR Ich bitte Sie.
CHEF Sie müßten das selbst erleben.
DER FEINE HERR Ich würde etwas darum geben.
CHEF Es gibt mehr Menschen wie Dora, als man gemeinhin glaubt. Machen Sie nur die Augen auf.
Dann darf ich Ihnen ein Pfund Granatäpfel geben.
DER FEINE HERR Ein einziger würde mir reichen.
CHEF *reicht ihm den Granatapfel und*
DER FEINE HERR *geht ab.*
CHEF Vor diesem feinen Herrn nimmst du dich besser in acht, Dora. Vor ihm und seinen Stachelbeeren.

5. IN DER ARZTPRAXIS. KURZ NACH MITTAG, UND DIE WELT IST SATT UND TRÄGE.

Die Mutter. Der Arzt. Dora.

MUTTER Es ist ein Geschenk. Ich habe meine Tochter wieder. Sie spricht von sich, was ihr paßt und was nicht. Erzählt aus ihrem Alltag, was sie bekümmert, das Lustige. Sie zeigt Gefühle. Sie lacht wieder. In den letzten Jahren haben wir nicht soviel gelacht wie jetzt an einem einzigen Abend.
ARZT Dora ist nicht überstelig.
MUTTER Es war die richtige Entscheidung. Sie ist wieder ein Mensch. Wenn ich die letzten Jahre überblicke, befällt mich ein schlechtes Gewissen, und ich werde wütend auf mich

selbst. Und auf diesen Arzt mit seinem verdammten Ehrgeiz.

Arzt Er war überzeugt, es sei das richtige für Ihre Tochter.

Mutter Vielleicht war Dora die längste Zeit schon so, gesund und heiter, lebensfroh, ich meine, hinter dem Vorhang aus Chemie, in all den Jahren der Lethargie.

Dora *lachend:*
Hinter dem Vorhang aus Chemie,
in all den Jahren der Lethargie.

Mutter Ja, du, da ist ein Reim drin, aus Zufall. Schön, hast du das bemerkt.

Dora *laut:*
Hinter dem Vorhang aus Chemie,
in all den Jahren der Lethargie.

Mutter Sehen Sie, das ist doch ein Wunder.

Dora *schreit nun beinahe:*
Hinter dem Vorhang aus Chemie
in all den Jahren der Lethargie.

Mutter Gut, Dora, das reicht jetzt, ja.

Dora Klar.

Arzt Wie hast du die letzten Tage erlebt, Dora.

Dora Ich.

Arzt Ja, erzähl.

Dora Ganz gut. Wirklich. Es war eine schöne Zeit. Ich hab's genossen. Die richtige Entscheidung. Total. Echt. Kann mich voll dahinterstellen. Und ich bin weitergekommen, persönlich, meine ich.

Arzt Gut, sehr schön.

Dora Und wenn ich die letzten Jahre überblicke, dann befällt mich –. *Sie verstummt plötzlich.*

Mutter Du hast den Satz nicht zu Ende gemacht. Mach den Satz zu Ende.

Dora Echt.

Mutter Ja. Du hast gesagt: Wenn ich die letzten Jahre überblicke, dann befällt mich –. Also.

Dora Wenn ich die letzten Jahre so überblicke, dann befällt mich ein schlechtes Gewissen. Und ich werde richtig wütend auf mich. Und auf den Arzt mit seinem verdammten Ehrgeiz.

MUTTER *traurig:* Ach, Kind!

6. IN EINEM HOTELZIMMER.
MAN HÖRT DIE LEITUNGEN SINGEN.

Der feine Herr. Dora.

DER FEINE HERR Nur herein, ich bitte Sie, nehmen Sie Platz. Da, auf dem Bett vielleicht, ich weiß, es ist etwas beengt, haben Sie ein wenig Nachsicht. Und aufgeräumt ist auch nicht. Das Mädchen macht das Zimmer erst nachmittags. Wenn man es gerne ordentlich hat, muß man selber aufräumen. Und ich habe es gerne ordentlich. Doch habe ich auch das Mädchen bezahlt, ich meine, mit dem Zimmer, verstehen Sie, ich mache Verlust, wenn ich das Zimmer selbst aufräume, ein Dilemma. So, also. Möchten Sie etwas trinken. Madame. Ein Glas Wein, ein Bier, Sekt sogar. Schön, daß Sie sich so spontan entschließen konnten.

DORA *antwortet nicht.*

DER FEINE HERR Sie sind nicht gerade das, was man eine Plaudertasche nennt, wie. Keine Sorge, mir macht das nichts aus. Ich frage mich bloß, was eine Frau wie Sie an einem Gemüsestand macht. Sie mögen nicht antworten. Wenn ich mir dazu etwas ausdenken darf. Woher Sie stammen könnten. Wo Ihre Wurzeln sind. Sie haben etwas Russisches, nicht wahr, ein wenig von jener letzten Zarentochter, verarmt, entehrt, gestrandet zwischen Kartoffeln und Suppengemüse. Davon kommt das Noble, Zarte, dieses Dünn- und Hochblütige. Ihre Familie blieb lange unter sich, da bin ich sicher, hat sich in Generationen nicht vermischt mit anderen, weil die anderen nicht gut genug waren, und das führt dann in diese wunderbare Veredelung der

Züge, zu dieser Ausgewogenheit, zu diesem beinahe Teilnahmslosen, königlich, kaiserlich. Liege ich damit ganz falsch. Man sagt ja, ich verstünde etwas von den Menschen. Und was schimmert wohl in diesen traurigen Augen, wenn nicht die Erinnerung an blutige Sonntage und zusammengeschossene Menschenmengen. Ich sehe darin die weitläufigen Parkanlagen, jahrhundertealte und nun in diesem eisigen Winter gefällte Baumbestände, das Holz füttert den Kanonenofen, der als einziges vom Mobiliar noch übrigblieb in den weiten Sälen im riesigen Palais. Auch die kostbaren Bücher haben sie schon verbrannt, auch die Bilder und die Ballroben, nun ist nichts mehr übrig, bloß ein altes Bärenfell, das längst schon Haare läßt. Warten Sie, Sie brauchen es nicht zu sagen, ich sehe es in Ihren Augen, wie die Familie sich ums Feuer versammelt, ja, und der treue, alte, blasse, dürre, kranke Diener schiebt das allerletzte Scheit nun in den Ofen, und als es verglüht ist, bricht die Weltraumkälte in den Saal und die Soldaten stürmen mit aufgepflanzten Bajonetten, in ihren Blicken flackert die Weltgeschichte, und die zündet bekanntlich alles an, so daß es lodert in der Winternacht, durch die Sie einsam fliehen. Ach, Liebes!
Er nimmt Dora in den Arm, herzt sie, besieht sie, stößt sie wieder weg.
Wie alt bist du.
DORA Weiß nicht.
DER FEINE HERR Bist du wenigstens schon sechzehn.
DORA Weiß nicht.
DER FEINE HERR Hast du einen Ausweis dabei.
DORA Nein.
DER FEINE HERR Und was trägst du da am Hals.
DORA Da ist ein Zettel drin, auf dem mein Name steht und unsere Telefonnummer. Ein Zehnfrankenschein ist auch dabei. Ich ging nämlich schon verloren und hatte meinen Namen vergessen.
DER FEINE HERR Du bist doch kein Hund.
DORA Nein.

DER FEINE HERR Nein, du bist ein hübsches Mädchen. Steh einmal auf, ich will dich ansehen. Gut so. Dreh dich. Schön. Aber du hast keinen Hintern.

7. ZU HAUSE. MITTEN IN DER NACHT,
EINE KERZE BRENNT UND TROPFT.

Die Mutter. Dora. Der Vater.

MUTTER *weint und wiegt Dora und tröstet sie.* Meine Kleine, überall blaue Flecken hat meine Kleine.
DORA Ist nicht so schlimm.
MUTTER Du verstehst nicht, was er dir angetan hat.
Sogar das Geld hat er dir genommen, dieser böse Mensch.
DORA Er hat gesagt, er habe sein Portemonnaie verloren.
VATER Nun glaub den Leuten doch nicht alles.
DORA Okay, Papa.
VATER Warum gingst du mit.
DORA Weil ich noch nie in einem Hotelzimmer war.

8. BEIM ARZT. FRÜHMORGENS,
MAN WILL DEN TAG NICHT WARTEN LASSEN.

Der Arzt. Die Mutter. Dora.

ARZT Sie hat die Sache gut überstanden. Ein paar Hämatome in der Magengegend, Schürfungen hier und da, nichts, das nicht in zwei Wochen verheilt sein wird.
MUTTER Verdammter Dreckskerl.
ARZT Verzeihung.
MUTTER Nicht Sie, der ihr das angetan hat, das ist der Dreckskerl.
DORA Das darfst du nicht sagen, Mama. Er war lieb zu mir.
MUTTER Dora, er hat nur lieb getan, damit du mit ihm gehst.

Der Mann will nichts Gutes von dir. Er hat dir dein Bestes genommen.
Dora Er gibt mir die zehn Franken bestimmt zurück, er hat's versprochen.
Mutter Jetzt hör gut zu, Dora. Du darfst da nie wieder hin, verstehst du, nie wieder, versprich es mir.
Dora Und was machen wir mit den zehn Franken.
Mutter Das Geld ist egal. Es geht um deine Gesundheit.
Dora Bin ich denn nicht gesund.
Mutter Hast du den Doktor nicht gehört.
Arzt Du solltest deiner Mutter glauben, Dora. Sie hat recht. Es gibt Menschen, die nutzen die Gutgläubigkeit der andern aus.
Dora Okay.
Arzt Die Frage bleibt, ob wir die Sache zur Anzeige bringen.
Mutter Ich möchte das Dora überlassen.
Arzt Dora. Möchtest du es der Polizei erzählen.
Dora Holen die dann unser Geld zurück.
Mutter Was hast du nur immer mit diesem verflixten Geld.
Arzt Du würdest der Polizei erzählen, wie der Mann dir weh getan hat.
Dora Es hat nicht weh getan.

9. IN DER PRAXIS. DIE MÜTTER RÜSTEN SCHON DAS GEMÜSE, DIE HUNGRIGEN VÄTER ERDULDEN DIE ARBEIT, DIE KINDER SITZEN IN DER SCHULE.

Der Arzt. Dora.

Arzt Es hat nicht weh getan. Gut, Dora, sei froh, das geht nämlich nicht allen Mädchen so beim ersten Mal. Schön. Ich gönne es dir. Auch deine Eltern gönnen es dir, bestimmt, auch wenn sie jetzt ein bißchen aufgeregt sind, weil du ein bißchen zerzaust wurdest. Aber das macht nichts. Du hast noch keine Übung, und da holt man sich gerne ein paar Flecken. Also, alles in Ordnung, Dora. Grundsätzlich. Mach dir darüber erst einmal keine Sorgen. Es ist nichts Schlechtes, wirklich nicht, laß dir das nicht einreden. Der Mensch entsteht daraus, jeder, stell dir vor, jeder auf dieselbe Weise, mit und durch dieses Wunder. Und darum ist es gut, hast du es für dich entdeckt. Auch du sollst es erleben dürfen, ja, obwohl man es euch früher verboten hat. Lange genug hat man nicht wahrhaben wollen, daß ihr eine Sexualität habt. Aber heute sehen wir das neu und anders. Es ist nicht nur dazu da, nicht nur fürs Kinderkriegen, bestimmt nicht, obwohl noch manche Leute das vertreten. Aber du bist ja keine Katholikin.

DORA *schüttelt den Kopf.*

ARZT Und deine Familie ist auch nicht Mitglied in der Freien Evangelischen Gemeinde, da müssen wir nicht aufpassen. Jede und jeder soll es machen dürfen, natürlich, jeder, also auch du, Dora. Du weißt ja schon, wie es geht, da brauche ich dir also nichts zu erklären, glaube ich, aber wenn du Fragen hast, dann bitte ich dich: Komm zu mir. Ja. Manchmal ist es schwierig, damit zur Mutter zu gehen, mit gewissen Fragen, wenn es zu persönlich wird, zu intim. Also. Um was geht es mir. Wie bei allen Dingen gibt es in der Liebe einige Regeln zu beachten, gerade heute, in diesen freien Zeiten, geht es ohne Regeln nicht. Das geht allen Menschen so, sogar ich brauche Regeln, an die ich mich halten kann. Man würde sich sonst in der freien weiten Welt verlieren, ich sehe das ja täglich, was mit Menschen geschieht, die keinen Kompaß in sich haben, sei es, weil sie Autoritätsprobleme haben, sei es, weil sie glauben, sie würden davon zu sehr in ihrer Freiheit eingeschränkt. Eingeschränkt. Das Gegenteil ist der Fall. Ohne Regeln, ohne Kompaß ist ein Mensch eingeschränkt, weil diese arme Kreatur nicht weiß, nach was sie sich richten, wohin, ja, wohin sie sich wenden soll. Es geht eben gerade nicht um Verbote, bestimmt nicht, Dora, merk dir das, niemals darf man in amourösen Belangen in seinem Kopf Verbote

dulden. Amourös kommt übrigens aus dem Französischen und bedeutet: die Liebe betreffend. Also: Niemals in Verboten denken! Niemals: Das darf man nicht, das gehört sich nicht, undsoweiter, und sich deswegen etwas verbieten. Wenn du in eine Situation kommen solltest, in irgendeine, und du weißt nicht, soll ich, soll ich nicht, und eine Stimme in deinem Innern ruft: Das darf man nicht, laß das bleiben, dann: Achtung! Dann: Aufpassen! Dann: Alarm! Dieses Man, das ist das Falscheste, was es in der Liebe überhaupt gibt! Vor allen anderen Dingen muß man sich vor diesem Man hüten! Und weißt du, warum? Weil das fremde Stimmen sind, die dieses Man darf nicht behaupten, die Stimmen der Moral, ja, und wenn es in der Liebe denn überhaupt eine Moral geben darf, dann nur deine eigene, Dora.
Nur eine Moral: Doras Moral.
Nur eine Stimme stimmt: Doras Stimme.
Stell dich ans Fenster, Dora, komm, komm her zu mir, schau hinunter auf die Straße, los, sieh dir die Gesichter der Menschen an, ich sage dir: Jedem einzelnen siehst du an, wessen Stimme er folgt, ob seiner, ob einer fremden. Der da mit Hund und Mantel: Fremde Stimme. Die da mit Kind und Schirm: Fremde Stimme. Diese Touristen mit Fotoapparat und Reiseführer: einezweidreivierfünfsechssiebenachtneunzehnelfzwölfunddreizehn fremde Stimmen, wenn wir still sind, können wir sie bis zu uns hinauf hören.
Pause.
Er flüstert: Dieses Rauschen, dieses Schnaufen, hörst du es, und dazwischen das Grinsen.
Pause.
Achtung: die da mit den Zöpfen und mit kurzem Rock: Möglicherweise eigene Stimme, könnte sein, vielleicht, vielleicht. Ja, Dora, auf zehn Folgsame kommt im besten Fall gerade ein freier Mensch. Nie habe ich behauptet, es sei einfach, im Gegenteil, es ist das Schwierigste, das es gibt. Aber: Man muß es doch versuchen. Du mußt es versuchen, Dora, du selbst. Wie ist er denn, der Mensch. Ist er denn, daß er die

Wahrheit seiner selbst ignorieren will, kann er denn leben, wenn er den fremden Stimmen folgt, dem Rauschen, dem Schnaufen, dem Grinsen, kümmert es ihn denn nicht, wenn er sich selbst verleugnet, verleugnet, wessen er bedarf und wonach er dürstet, schließt der Mensch denn liebend die Augen vor sich und seiner inneren Wahrheit. Lebt der Mensch als solches Rindvieh, Dora. Nein, er will sich finden, er will sich erkennen, er will sich selbst nahekommen, das ist doch, was er sucht. Und die Liebe, das sexuelle Leben, das dient beim Menschen nur einem Ziel: Der Selbsterkenntnis. Ein großes, edles Ziel. Und es hat nichts zu tun mit dem, was man heutzutage als freie Sitten bezeichnet, das halbnackte Spazieren, das Durchstechen der intimsten Körperteile, das Reinhüpfen vom einen Bett ins andere. Sollen die Leute machen, was sie wollen, ich will es ihnen nicht verbieten, wenn's für sie denn stimmt. Aber stimmt es denn. Ich glaube, nein. Sie haben keinen Kompaß, sie glauben zwar, sie würden machen, was sie wollen, aber: Sie wissen es gar nicht. Sie haben keine Ahnung, was sie wollen. Ja, sie glauben, daß das, was sie wollen, dasselbe sei wie das, was sie brauchen. Falsch, Dora, falsch und falsch und nochmals falsch! Wenn man nur dem folgt, was man zu wollen scheint, dann folgt man nur der lautesten Stimme, und die lauteste Stimme ist nicht zwingend die eigene. Fazit: Mißtraue der lauten Stimme, es könnte die fremde sein.
Pause.
Gut. Soviel hierzu. Werden wir konkret. Werden wir praktisch. Kommen wir zum Zivil- und Strafrecht. Wisse, Dora: Nie vor anderen Leuten. Also besser nicht im Freien, obwohl das nicht ausdrücklich verboten ist, im Freien nur, wenn's wirklich etwas Besonderes sein soll. Also nicht zu oft. Dann ist es auch nicht schlimm, wenn einmal jemand zuschauen sollte. Ein ungerades Mal. Wirklich nicht. So. Und ich würde nicht an Orte gehen, die dafür bekannt sind, daß man es dort im Freien macht. Wenn es bekannt ist, zieht es Leute an, seltsame Leute, und dann liegt dann auch

Zeugs herum, du weißt. Wie der Campingplatz, unten am See, geh da besser nicht hin. Nur wer da schon hingeht, äußert bereits seine Absicht. Und niemals auf der Straße, niemals auf der Straße. Auch wenn du möglicherweise etwas anderes hörst, vielleicht, verstehst du, von Hauseingängen, oder hinter Abfallcontainern oder auf Verkehrsinseln, was weiß ich, was in diesen Kioskromanzen drinsteht. Liest du überhaupt, Dora.

DORA Ich kann schon lesen, aber behalten kann ich es nicht.
ARZT Schön, aber ich würde es da nicht tun, mach das besser nicht. Da kann immer einer kommen. Das muß nicht weiter schlimm sein, bestimmt nicht, aber wo es eine Straße hat, da reagiert die Polizei empfindlich. Und das wäre einfach nicht gut, weil, gewisse Dinge sind eben strafbar, Erregung öffentlichen Ärgernisses undsoweiter, man kommt ins Gefängnis oder muß zumindest eine Buße zahlen. Also nicht in Bahnhöfen, nicht im Zug, nicht auf Plätzen, nicht in Museen oder Stadien, nicht im Theater, nicht auf öffentlichen Klos und nicht auf fremdem privaten Grund, das heißt nicht über irgendeinen Zaun klettern und da, du weißt schon. Das würde dich auch stören, wenn jemand in eurem Garten – überhaupt, nimm immer dich selbst zum Maßstab, dann machst du es schon richtig.
Pause.
Na, dich würde das wohl nicht stören, nicht wahr, Dora, wenn da einfach einer mit seiner über euren Zaun und da den Rock hoch und sie in ihren Hintern zwei-, dreimal in ihren bleichen mondhellen Hintern, wo man schön die Äderchen durch die Haut erkennt, und das wogt dann so schön, nicht wahr, das würde dich nicht stören, Dörchen. Hahaha.
Pause.
Gut, aber andere stört es eben. Bei der Partnerwahl bist du prinzipiell frei. Nimm, was du willst. Allerdings muß er auch wollen, aber das ist ja klar. Sogar eine Frau kannst du nehmen, das Alter ist ganz unwichtig. Nein, halt, natürlich

nicht, du darfst nicht mit Kindern, Dora, niemals mit Kindern, das ist ebenso wichtig wie das mit den öffentlichen Plätzen, wahrscheinlich noch wichtiger. Jedenfalls ist es ebenfalls strafbar. Und ich würde keinen Verheirateten nehmen. Bringt nur Schcrereien, obwohl es nicht strafbar ist und einige Leute gerade darin einen Reiz sehen, nicht ganz zu Unrecht, das will ich zugeben, Fortgeschrittene in diesen Angelegenheiten mögen sich das leisten, denn die amouröse Verstrickung mit einer verheirateten Frau ist mit einigem Aufwand verbunden, organisatorischem und finanziellem. Ist also nichts für dich, momentan. Und auch bei der Menge gibt es keine Gesetze, theoretisch, da bist du offen. Aber auch hier gilt: Allzuviel ist ungesund. Also nicht mehr als, sagen wir, zwei auf einmal, und nicht öfter als wöchentlich, oder besser, nicht öfter als monatlich, den Partner wechseln. So. Da ist doch jetzt einiges zusammengekommen. Kannst du dir das merken.
DORA Ja.
ARZT Also. *Er reicht ihr eine Pille.* Davon nimmst du jetzt gleich eine. Und dann immer morgens eine, jeden Tag, und nach einundzwanzig Tagen machst du eine Pause. Deine Mutter wird dir zeigen, wie es funktioniert.

10. AM BAHNHOF. ABENDS, IN DER STUNDE, DA DIE LEUTE SCHON ODER IMMER NOCH ZU HAUSE UND DIE STRASSEN LEER SIND.

Dora. Der feine Herr.

DORA Hallo.
DER FEINE HERR Hallo.
DORA Wie geht's.
DER FEINE HERR Gut.
 Kenne ich dich.
DORA Sie schulden mir zehn Franken.

DER FEINE HERR Tut mir leid, du mußt mich verwechseln.
DORA Nein, Sie haben mich verwechselt. Sie haben gesagt, ich sei eine Russin, dabei bin ich gar keine Russin, aber Sie haben gesagt, ich sei wohl eine Russin, nur weiß ich nichts davon. Und dann haben Sie mich gefickt. Etwa eine halbe Stunde lang. Da drüben, in diesem Hotel.
DER FEINE HERR Du hast ja eine blühende Phantasie.
DORA Und dann haben Sie sehr laut gesprochen und Dinge zu mir gesagt. Habe ich aber vergessen, was Sie gesagt haben, und rot sind Sie auch geworden, und dann haben Sie mich an den Haaren gezogen und auch ein bißchen an den Kopf geklopft. Und dann haben Sie mich weggeschickt. Das ist nicht recht.
DER FEINE HERR Du hast ja einen Dachschaden.
DORA Ich habe einen blauen Fleck. *Sie hebt ihren Pullover.*
DER FEINE HERR Laß das, du dummes Ding. Willst du unbedingt Ärger.
DORA Nicht wieder wegschicken. Nehmen Sie mich mit. Ich will einmal länger ficken als nur eine halbe Stunde.

11. IN EINEM HOTELZIMMER. SPÄTER, DIE KINDER SOLLTEN LÄNGST ZU HAUSE SEIN.

Der feine Herr. Dora.

DER FEINE HERR Mach kein solches Gesicht. Es hat nichts mit dir zu tun.
Man muß vorsichtig sein.
Nicht alle Mädchen sind so aufgeschlossen wie du.
DORA Kennen Sie noch andere Mädchen.
DER FEINE HERR Einige.
DORA Ficken Sie sie.
DER FEINE HERR Was denkst du von mir. Ich bin der treuste Mann der Welt. Ich habe nur dich. Du bist meine Freundin.
DORA Meine Mutter ist böse wegen dem Geld.

DER FEINE HERR Was für Geld.
DORA Das Sie mir schulden.
DER FEINE HERR Was glaubst du. Daß mich zehn Franken jucken. Zehn Franken. Daran denke ich nicht einmal.
DORA Sie müssen mir das Geld zurückgeben.
DER FEINE HERR Bist du deswegen gekommen.
 Geht's dir nur ums Geld.
 Ich habe kein Bargeld bei mir.
 Nimm dir was aus meinem Musterkoffer.
 Das Geld kriegst du das nächste Mal.
DORA *greift sich aus dem Musterkoffer eine Parfumflasche.*
DER FEINE HERR Scheinst eine Expertin zu sein.
 Das ist das Kostbarste im ganzen Sortiment.
DORA *zitiert:* In der Welt schaffen's die Kostbaren nicht in die erste Reihe, wenn sie ein Gesicht haben wie eine Saatkartoffel im dritten Jahr auf ihrer Hurde. *Sie riecht am Parfum.*
DER FEINE HERR Riecht gut, wie.
DORA *nickt.*
DER FEINE HERR Gefällt dir das.
DORA *nickt und tupft sich etwas Parfum an den Hals.*
DER FEINE HERR Weißt du, was du dir da gerade an den Hals gestrichen hast.
DORA Nee.
DER FEINE HERR Ochsenscheiße.
DORA Hahaha, stimmt doch überhaupt nicht.
DER FEINE HERR Natürlich, das Parfum macht man aus der Scheiße von sibirischen Ochsen.
 Der steht unserer feinen russischen Dame, dieser Ochsenkackeduft, wie für sie geschaffen.
 Und schau dir einmal diese Seife an.
 Was sagst du dazu.
 Was meint unsere Expertin zu dieser Seife.
DORA Hübsches Papier.
DER FEINE HERR Ja. Gut gesehen.
 Und wie riecht's.
 Na. Nach was riecht das.

DORA Nach Rosen.
DER FEINE HERR Nach Rosen. Gut.
Rosenduft für unsere feine Dame, eine Rosenseife für die russische Lady. Bitte sehr.
Und weißt du auch, weshalb die Seife nach Rosen riecht.
DORA Damit die russische Lady nach Rosen riecht.
DER FEINE HERR Damit man die toten Schweine nicht riecht, aus denen die Seife gemacht ist. Das wollt ihr feinen Damen nicht wissen, aber euer hübsch verpacktes Badeseifchen wird aus Schweinefett gemacht. Man macht die Schweine kalt, schneidet das Fett vom Fleisch, gibt's in einen Bottich, kocht es, bis es klar und dünn ist, und dann gibt man Natronlauge dazu und zum Schluß eben Rosenwasser, wickelt's in feines Seidenpapier und bindet eine Schleife drum, damit es hübsch aussieht und keiner merkt, daß da nichts als ein Stück totes Schwein drin ist.
DORA Armes Schweinchen.
DER FEINE HERR Du magst Säue, wie. Ich kann dich trösten. Es geht auch mit Kühen.
DORA Und mit Fröschen.
DER FEINE HERR Theoretisch. Wenn's Fett dran hat, gibt's eine ordentliche Seife. Aber auch die beste Seife verhindert nicht, daß die Frauen riechen. Ich habe eine feine Nase, Dora, das kannst du mir glauben. Ich riech die Damen sogar durch die Ochsenkacke hindurch.
DORA Ich rieche nicht.
DER FEINE HERR Nein, du riechst nicht, du stinkst. Du stinkst erbärmlich.
DORA *hebt die Arme.* Da schauen wir peinlich drauf, daß unsere Dora reinlich ist.
DER FEINE HERR Ich riech's doch. Habe ich gleich gerochen, wie ich dich das erste Mal gesehen habe.
DORA Es wäre schade, wenn Sie das Gemüse nicht mehr anlangten.
DER FEINE HERR Und was will die Dame tun, damit der feine Herr weiter von ihrem Gemüse kostet.

Dora Weiß nicht.

Der feine Her Wasch dich nicht. Ich mag's nicht, wenn die Frau nach Schweinefett riecht. Wenn du dich wäschst, fick ich dich nicht. Das bin ich meiner Nase schuldig. Und jetzt komm her zu mir, ich will mich an dir schmutzig machen.

12. ZU HAUSE. BEIM FRÜHSTÜCK, MIT KAFFEEDUFT UND DER HOFFNUNG EINES NEUEN TAGES.

Der Vater. Die Mutter. Dora.

Vater Mußt du Dora an dein Parfum lassen. Ich finde es weiß Gott genug, daß ihr dieselben Kleider tragt und du sie mit zu deinem Frisör nimmst. Ich möchte meine Tochter von meiner Frau unterscheiden können. Sonst mache ich mich eines Tages unabsichtlich strafbar.

Mutter Sie mag nun einmal dieselbe Mode wie ich. Und dann geht es einfacher mit der Wäsche. Ich habe schon genug am Hals mit dem Haushalt.
Pause.
Im übrigen habe ich Dora noch nie parfümiert.

Vater Dann geht unsere Tochter ohne dein Wissen an deine Kosmetik.

Mutter Würde Dora nie tun.

Vater Sie riecht wie eine Puffmutter.

Mutter Mein Parfum riecht nicht nach Puff.

Vater Dann sag mir, wonach deine Tochter riecht.

Mutter *tritt zu Dora und riecht an ihr.* Du hast recht. Das riecht nach Puff.

Vater Sag ich's doch.

Mutter *schnüffelt weiter.* Das ist nicht mein Parfum.
  Zu muffig, wahrscheinlich schon ranzig.
  So was würde ich nie tragen.

Vater Wenn sie es nicht von dir hat, von wem hat sie es dann.

13. AM GEMÜSESTAND. IN EINEM ERNSTEN MOMENT, OHNE KUNDSCHAFT.

Die Frau. Der Chef. Dora.

DIE FRAU Es ist ganz natürlich, wenn ein junges Mädchen sich parfümiert. Ich habe mich schon mit fünfzehn parfümiert. Was soll schlecht daran sein. Nur weil Dora so ist, wie sie eben ist, soll sie das nicht dürfen. Muß sie riechen wie eine Idiotin. Ihre Mutter ist eine moderne Frau. Behauptet sie jedenfalls. Warum ist sie auf einmal so verstockt.

CHEF Sie will bloß wissen, von wem Dora das Parfum hat. Sie macht sich Sorgen, das ist alles.

DIE FRAU Von wem kann sie es schon haben. Es gibt eine Menge junger Burschen, die wissen, was man einer jungen Frau schenkt.

CHEF Dora ist keine junge Frau.

DIE FRAU *zu Dora:* Hör nicht hin, mir hat man es auch verbieten wollen, als ich jung war. Halb tot hat der Vater mich geschlagen. Mir war's egal. Lieber ein blaues Auge als unparfümiert, hab ich schon damals gesagt. Laß dich nicht irremachen, Kind, der Herrgott im Himmel will, daß wir uns schmücken. Wer sich hübsch macht, preist ihn und seine Werke.

CHEF Mama, ich bitte dich, hat sie es nun von dir oder nicht. Wenn sie es von jemand anders hat, kriege ich die Schwierigkeiten. Weil ich nicht aufgepaßt habe. Ich habe aber versprochen aufzupassen. Du weißt, was passiert ist. Mit diesem Kerl. Und dann nimmt sie mir die Dora weg. Und wer verkauft mir dann die Ware. Du bestimmt nicht.

DIE FRAU Es schadet ihr bestimmt nicht, wenn sie noch was anderes zu sehen bekommt als immer nur dein Gemüse.

CHEF Was ist nicht recht an meinem Gemüse.

DIE FRAU Es ist immerhin ein Parfum von Weltklasse. Die Kunden mögen das. Das kannst du ihr ausrichten. Die junge Dame beweist damit bloß jenen Geschmack, der ihrer Mutter abgeht.

CHEF Von mir aus soll das Kind stinken. Was interessieren mich die Kunden. Ich will hier kein Gescharwenzel. Habe ich eine Schönheitskönigin eingestellt. Die Dora soll Gemüse verkaufen. Um den Rest kümmere ich mich.

14. ZU HAUSE. DIE MUTTER IST AUSSER HAUS.

Der Vater. Dora.

VATER Kind. Wie siehst du aus.
DORA Ein bißchen schäbig.
VATER Du hast dich eine Woche nicht gewaschen.
DORA Ja.
VATER Du hast früher so gerne ein Bad genommen. Ganz heiß und mit viel Schaum, weißt du noch.
DORA Klar.
VATER Das war doch immer der Höhepunkt deiner Woche.
DORA Wir sollten nicht zurückschauen, Papa.
VATER Die Leute werden dich nicht mehr mögen.
DORA Hauptsache, du liebst mich.
   Nicht wahr, du liebst mich.
VATER Du bist meine Tochter.
DORA Gefalle ich dir.
VATER Was fragst du.
DORA Du hast noch nie gesagt, wie ich dir gefalle.
VATER Du bist ein hübsches Mädchen.
DORA Und du bist ein hübscher Junge.

15. IN EINEM HOTELZIMMER. DIE ZEIT VERGISST, DER AUGENBLICK VERWEILT, DIE MENSCHEN ERMATTEN.

Der feine Herr. Dora.

DER FEINE HERR Was glotzt du so.
   Glotz nicht so.

Oder sag wenigstens was.

Das kann einem angst machen, dein Schweigen hinterher, aber vorher gehst du ran wie der Teufel. Wenn man bei dir nicht aufpaßt, bleibt nichts von einem übrig.

Dora Habe ich etwas falsch gemacht.

Der feine Herr Ganz im Gegenteil. Das ist es ja. Ich frag mich bloß, wer dir das gezeigt hat.

Dora Du.

Der feine Herr Ich.

Dora Ich tu nur, was du auch tust.

Der feine Herr Du tust es freiwillig.

Dora Ich tu freiwillig, was du tust.

Der feine Herr Ja, ja, genug geplaudert. Geh jetzt.

Dora Nein.

Der feine Herr Raus, sage ich.

Ich habe noch zu tun.

Dora Ich bleibe.

Der feine Herr Bist du taub.

Deine Eltern werden sich bestimmt schon Sorgen machen.

Dora Ich muß erst zu Hause sein, wenn's dunkel wird. Jetzt ist es noch hell.

Der feine Herr Was hast du ihnen gesagt, daß sie dich an einem Sonntag gehen ließen.

Dora Daß ich meinen Freund besuche.

Der feine Herr Und statt dessen schleichst du zu mir. Kleine Lügnerin.

Dora Ich habe nicht gelogen.

Der feine Herr Du glaubst also, ich sei dein Freund.

Dora Willst du nicht. Brauchst es nur zu sagen.

Der feine Herr Wie viele Freunde hattest du schon.

Dora Keinen.

Der feine Herr Ich bin also dein erster Mann, wie.

Dora *nickt.*

Der feine Herr Mir kommen gleich die Tränen.

Dora Warum.

Der feine Herr Du lügst mich an.

DORA Ich lüge nicht.

DER FEINE HERR Du hattest wirklich noch nie einen anderen. Ist das wahr. Ach, du. Du schenkst das mir. Kind. Mir. Und ich bin so grob zu dir, mein kleiner Engel. Stell nur das schmutzigste Zeug an und bin so schlecht zu dir.

DORA Du bist nicht schlecht zu mir.

DER FEINE HERR Doch, doch, Dora, ich bin schlecht zu dir. Ich habe dich überhaupt nicht verdient. So etwas Zartes wie dich.

Das hat mir noch keine geschenkt.

DORA War es für dich auch das erste Mal.

DER FEINE HERR Es war für mich das erste Mal mit jemandem, für den es das erste Mal war. Ich hatte bisher nur alte, verbrauchte Weiber, weißt du, Dora, und Nutten.

DORA Was sind Nutten.

DER FEINE HERR Man gibt diesen Frauen Geld dafür.

DORA Gibst du ihnen auch Geld.

DER FEINE HERR Viel zuviel, Dora, viel zuviel.

DORA Gib mir auch Geld.

DER FEINE HERR Wofür.

DORA Fürs Ficken.

DER FEINE HERR Das verstehst du nicht, Dora. Komm einmal her. Du bist keine Nutte. Nein, Kind, du bist etwas Besonderes. Du bist ein Engel. Der Himmel hat dich geschickt. Du wirst mich erlösen. Kind. Ich werde mich ändern. Von nun an werde ich gut sein mit dir. Versprochen. Ich zeige dir, was ich noch niemandem gezeigt habe. Wie ich wirklich bin. Da, spürst du das, das bin ich, und das machst du mit mir. Mein Engel. Ich schicke dich nicht weg. Ich schicke dich ganz bestimmt nie wieder weg. Bin ich denn verrückt. Ich schicke doch keinen Engel weg.

16. IN DER ARZTPRAXIS.
IN DER NACHT HAT ES AUFGEFRISCHT.

Der Arzt. Die Mutter.

ARZT Dora ist schwanger.
MUTTER Unmöglich.
ARZT Ja.
MUTTER Niemals.
ARZT Sehr wohl.
MUTTER Dieser elende Schuft.
ARZT Sie kennen ihn.
MUTTER Ich werde ihn schon finden, keine Sorge.
ARZT Und dann.
MUTTER Werde ich dafür sorgen, daß der Bursche für das Kind bezahlt.
ARZT Wenn er denn dazu in der Lage ist.
MUTTER Warum sollte er dazu nicht in der Lage sein.
ARZT Er müßte eine Arbeit haben.
MUTTER Sie rechnen immer mit dem schlimmsten Fall.
ARZT Tja.
MUTTER Sollen vielleicht wir für das Kind bezahlen.
ARZT Nun.
MUTTER Wenn ich es schon großziehen muß, dann will ich das auch bezahlt haben.
Pause.
Wenn ich mir das vorstelle.
Zur Dora wieder ein Baby.
Zurück auf Feld eins.
Was wird man denken.
Das wird ja sein wie in einem Zoo.
ARZT Wie in einem Zoo.
MUTTER Ich meinte, wie in einer Zucht, mit Doras Kind.
ARZT Wir können nicht wissen, wie das Kind sein wird.
MUTTER Wie.
ARZT Ob es gesund sein wird.
MUTTER Warum sollte es gesund sein.

ARZT Möglich wäre es.
MUTTER Jetzt gehen Sie ins andere Extrem.
ARZT Wir dürfen uns in der Auswahl unserer Mittel nicht beschränken. Noch haben wir schließlich Zeit.

17. ZU HAUSE. DAS SCHLUMMERLICHT BRENNT, ABER GEMÜTLICH WILL ES NICHT WERDEN.

Die Mutter. Dora.

MUTTER Hör zu, Dora. Heute kein Märchen, einverstanden.
DORA Okay.
MUTTER Laß uns über einige wichtige Dinge sprechen, ja.
DORA Klar.
MUTTER Hast du verstanden, um was es geht.
DORA Nein.
MUTTER Was hat der Doktor dir gesagt.
DORA Ich bin schwanger.
MUTTER Warum hast du die Pille nicht genommen.
DORA Diese Ärzte mit ihren Medikamenten. Jetzt machen wir Schluß damit. Keine Pillen mehr, nie wieder.
MUTTER Das ist kein Medikament, Dora. Die Pille ist, damit man keine Kinder bekommt. Die nehme ich doch auch.
  Pause.
  Und was glaubst du, wie es nun weitergehen soll.
DORA Weiß nicht.
MUTTER Du weißt es nicht. Ich weiß es auch nicht. Jemand muß es aber wissen.
  Schweigen.
  Noch können wir das Kind wegmachen.
DORA Okay.
MUTTER Du bist einverstanden.
DORA Ist doch nichts dabei.
MUTTER Da ist wohl etwas dabei.
  Eine Abtreibung ist eine traurige Sache.

Dora Dann will ich keine Abtreibung.
Mutter Aber vielleicht ist es der einzige Ausweg. Oder sag du mir, wer sich um das Kind kümmern soll.
Dora Ich.
Mutter Das ist eine große und schwierige Aufgabe.
Dora Weil das Kind auch einen Dachschaden hat.
Mutter Wer hat einen Dachschaden.
Dora Ich habe einen Dachschaden.
Mutter Wenn du das glaubst, dann kannst du dich gleich aufgeben.
Dora Okay.
Mutter Von wem hast du eigentlich dieses Okay.
Dora Weiß nicht.
Mutter Machst du also bitte einen Vorschlag.
Dora Wir könnten es jemandem schenken, der keine Kinder haben kann.
Mutter Schöne Idee, aber ich glaube nicht, daß jemand an diesem Geschenk Freude hätte.
Dora Dann warten wir, bis es auf der Welt ist, und dann töten wir's. Kein Witz.
Mutter Es ist verboten, Dora.
Dora Wir sagen es keinem. Wir binden es an einen Baum und dann machen wir nichts mehr mit ihm.
Mutter Du bist grausam.
Dora Ist doch nichts dabei.
Mutter Es geht nicht, Dora. Glaube mir.
Dora Dann weiß ich nicht.
Mutter Würdest du Papa glauben.
Dora Papa glaube ich immer.

18. ZU HAUSE. SONNTAGS, DA HAT PAPA ZEIT.

Der Vater. Dora. Die Mutter.

Vater Das ist Frauensache. Was weiß ich.

Ist doch unanständig.
Warum hast du nicht aufgepaßt.
DORA Weiß nicht.
VATER Nicht du, Herrgott.
Du hast dem Kind zuviel Freiheit gelassen.
MUTTER Vorwürfe kann ich mir selbst machen.
Mach lieber einen Vorschlag.
VATER Da braucht's keinen Vorschlag.
Es ist doch allen klar, was zu tun ist.
Das ist heute schließlich keine große Sache mehr, soviel man liest.
MUTTER *bitter:* Du hast ja so überhaupt keine Ahnung.
VATER Nein, habe ich wirklich nicht. Aber ich kenne die einzige Lösung. Und du kennst sie auch.
Und Dora kennt sie auch.
Nicht wahr, Dora.
DORA Aber sicher, Papa.

19. ZU HAUSE. DRAUSSEN STEHT EIN SCHÖNER TAG.

Die Mutter. Dora.

MUTTER Kind, ach, war es sehr schlimm.
DORA Überhaupt nicht. Das ist heute schließlich keine große Sache mehr.
MUTTER Du bist tapfer.
DORA Wie der Doktor mit dem Schlauch gekommen ist, habe ich gedacht, es wird gefickt. Aber dann hat es nicht gestoßen, sondern gesaugt. Auch nicht schlecht. Und es hat geklungen, wie wenn man mit einem Strohhalm das Glas leerschlürft.
MUTTER Du bist widerlich.
DORA Okay.
MUTTER Und jetzt.
DORA Möchte ich einen Kaffee.

MUTTER Darfst du das.
DORA Ja. Aber ich darf zehn Tage nicht ficken.
MUTTER Das schaffst du doch knapp, oder.
DORA Nein.
MUTTER Ich an deiner Stelle würde mich an den Ratschlag der Ärzte halten.
DORA Klar.
MUTTER Ich meine es ernst, Dora. Du kriegst sonst eine fürchterliche Entzündung.
DORA Oder ich verblute.
MUTTER Haben die Ärzte das gesagt.
DORA Habe ich mir ausgedacht.
  Weil's soviel Blut gab.

20. IN DER PRAXIS. IN AUFGERÄUMTER STIMMUNG.

Der Arzt. Dora.

ARZT Du hast eine gute Konstitution, Dora, gratuliere.
DORA Weiß nicht.
ARZT Deinem Körper geht es gut. Zäh wie Leder.
  Aber ich sehe nicht, wie es in deinem Innern ausschaut.
DORA Da habe ich einen Wattebausch, ungefähr so dick, bißchen wie ein Schwanz, ist aber kein Schwanz, sondern damit das Blut nicht in die Hose läuft, und deshalb muß ich geduldig sein mit meinem Innern, aber in zehn Tagen geht's wieder frisch ans Ficken.
ARZT Das meine ich doch nicht, Dora.
  Fühlst du dich nicht traurig.
DORA Ich fühle mich immer traurig.
  Außer beim Ficken.
ARZT Denkst du manchmal ans Kind.
DORA Weg ist weg.
ARZT Du machst dir nicht viel aus Nebensächlichkeiten.
DORA Richtig, Herr Doktor, richtig.

ARZT Ich glaube dir nicht, Dora.
DORA Ach so.
ARZT Auch du hast Gefühle
  Laß uns ein Spiel spielen, ja.
DORA Klar.
ARZT Ich sage ein Wort, und du sagst, was dir als erstes in den Sinn kommt. Alles klar.
  Ich sage: Feuer.
DORA Feuer.
ARZT Feuer darfst du nicht sagen.
DORA Das ist mir aber als erstes in den Sinn gekommen.
ARZT Du mußt ein anderes Wort sagen.
DORA Alles klar.
ARZT Also: Feuer.
DORA Feuer.
ARZT Also, lassen wir das.

21. AM STAND. DER MORGEN IST FRISCH.

Die Mutter des Chefs. Dora.

DIE FRAU Wie geht's.
DORA Gut.
DIE FRAU Na also. Habe ich es doch gewußt. Du läßt nicht lange den Kopf hängen, was.
DORA Bestimmt nicht.
DIE FRAU Wir sind aus demselben Holz geschnitzt. Nur nicht unterkriegen lassen. Das wollen die Kerle ja. Ich bin auch ein Stehaufmännchen. Ha! Wäre ja gelacht.
DORA Hahaha!
DIE FRAU Hahaha!
  Pause. War's unangenehm.
DORA Ganz im Gegenteil.
DIE FRAU Eben.
  Was man darüber nicht alles hört, richtige Schreckgeschichten. Und wenn schon. Gerade wenn's unangenehm ist, sollte

man den Kopf am wenigsten hängen lassen. Wir sind starke Frauen. Soll ich dir ein Geheimnis verraten. Ich hätte ihn damals auch beinahe weggemacht. Dann hättest du jetzt keinen Chef.

DORA Bereuen Sie es.

DIE FRAU Kannst du dir denken. Warum sollte ich etwas bereuen. Ich wollte seinen Vater nicht heiraten. Mußte unten durch deswegen. Na und. Was soll's. Es geht immer weiter. Natürlich wäre ich lieber unabhängig geblieben. Aber es war verboten, und ins Ausland zu gehen, konnte ich mir nicht leisten. Sei's drum. Ich hab's genommen, wie's gekommen ist, und mir den Schneid nicht abkaufen lassen.

DORA Eben. Ein Stehaufmännchen.

DIE FRAU Im Leben geht es auf und ab. Was will man sich den Kopf zerbrechen. Man muß vorwärts schauen. Gerade als Frau. Man wird sonst verrückt, korrekt verrückt.

Pause.

Dora, im Vertrauen, gib etwas acht auf deine Körperpflege.

DORA Mögen Sie das Parfum nicht.

DIE FRAU Wenn du so direkt fragst: Nein. Das französische Parfum mag ich, aber man riecht es kaum noch unter deinem.

22. IN EINEM HOTELZIMMER. NOCH BEVOR ES
ZUR GEWOHNHEIT WIRD.

Dora. Der feine Herr.

DORA *zitiert:* Da haben Sie was Schönes angerichtet, lieber Herr Gerber.

DER FEINE HERR Tut mir leid.

DORA Eine richtige Schweinerei. Hätten Sie mal sehen sollen.

DER FEINE HERR Kann es mir vorstellen.

DORA Ja, ja, und wer räumt hinterher auf.

DER FEINE HERR Es war keine Absicht.

Dora Wenn es nach mir gegangen wäre, ich hätte das Kindchen ja behalten.

Der feine Herr *lachend:* Das wäre was geworden, du und ich und ein Kind.

Eine hübsche Familie, stell dir vor.

Dora *zieht sich aus.*

Der feine Herr Was tust du da. Was willst du.

Dora Ein neues Kind ficken. Aber diesmal sagen wir's keinem. Sonst wird's wieder weggeschlürft.

Der feine Herr Das wird man auch so merken.

Dora Ich zieh den Bauch ein. Sieh mal, so.

Sie tut's.

Der feine Herr Das hältst du keine neun Monate durch.

23. AM GEMÜSESTAND. ALS EINMAL KEINER HINSIEHT.

Dora. Die Frau.

Dora *reicht der Frau einen Zettel:* Ich kann schon lesen. Aber ich kann es nicht behalten.

Die Frau *liest:* »Paar, mitten im Leben stehend, sauber, gepflegt, mit viel Sinn für alles, was gemeinsam Spaß macht, sucht einen sauberen, gepflegten Junggesellen um gemeinsam dem Alltag zu entfliehen.«

Du hast die falsche Rubrik gewählt, Dora. Schau unter »Er sucht Sie«, wenn du eine Bekanntschaft suchst.

Pause.

Oder hast du etwa einen Freund.

Dora Weiß nicht.

Die Frau Ich seh's dir an, du hast einen Freund.

Und das Parfum hast du von ihm.

Dora *nickt.*

Die Frau Dann ist er großzügig. Das Parfum war Weltklasse.

Dora Weiß nicht.

Die Frau Er wird ein Draufgänger sein, wenn ihr nach zwei Wochen schon aus dem Alltag müßt. Oder ein Schuft.

DORA Und was steht hier.
DIE FRAU *liest:* »Mit Interesse habe ich Ihre Annonce gelesen. Ich bin ein erfahrener Junggeselle, sauber, gepflegt, gesund, leicht dominant, nicht bi, mit eigenem Wohnwagen für ungestörte Treffs, ohne finanzielle Interessen, dafür überdurchschnittlich gut bestückt und ausdauernd. Foto liegt bei.« *Sie betrachtet das Foto.* Alle Achtung, du läßt nichts aus. Aber wenn ich du wäre, würde ich da besser nicht hin. Dieser Mann ist etwas für Fortgeschrittene, eine Anfängerin hat mit dem keinen Spaß.
Pause.
Und wenn dich dein Freund nach zwei Wochen schon mit so einem teilen will, dann will er dich vielleicht mit allen teilen.
DORA Ist doch nichts dabei.
DIE FRAU Irgendwann verlangt er Geld dafür, Dora, und du landest auf der Straße. Es gibt auf der Welt viele böse Menschen.
DORA Böser als ich.
DIE FRAU *lacht:* Du bist nicht böse, Dora. Du bist ein Lamm.

24. AM STAND. EIN BISSCHEN SPÄTER.

Der Chef. Dora.

CHEF Wen haben wir denn da.
DORA Ich bin es, die Dora.
CHEF Ich sehe es. Ganz die alte. Bloß ein bißchen blaß noch um die Nase.
Pause.
Ich könnte wütend auf dich sein, Dora. Du weißt, warum.
DORA Kann ich mir denken.
CHEF Gut.
Hast du Schmerzen.
DORA Nee.

CHEF Schön. Aber ich werde dich in der ersten Zeit keine Kisten ausladen lassen.
DORA Danke, Chef.
CHEF Was habe ich dir gesagt. Nimm dich in acht vor seinen Stachelbeeren, habe ich gesagt. Rennt das Kind schnurstracks zu diesem Kerl. Und wen macht man hinterher verantwortlich.
Pause.
Du weißt nicht, wer dich liebhat. War ich einmal schlecht zu dir.
DORA Nee.
CHEF Und warum tust nicht, was ich dir sage.
DORA Tut mir leid, Chef.
CHEF Du mußt deiner Mutter danken. Ohne sie würdest du jetzt auf der Straße stehen.
DORA Meine Mutter ist lieb.
CHEF Allerdings. Aber ich sag dir eines. Das hier ist keine Wiedereingliederungsstätte. Ich muß Geld verdienen. Ab jetzt tust du genau, was ich dir sage.
DORA Alles klar, Chef.
CHEF Ab jetzt sind wir wieder ein Team. Gib mir einen Kuß.
DORA *tut, was er von ihr verlangt, und sie tut es noch ein bißchen intensiver. Sie packt ihren Chef am Hinterkopf und läßt ihn nicht los.*
CHEF *stößt Dora von sich. Entsetzt:* Heilige Mutter Gottes.
DORA Das war stümperhaft.
CHEF Stümperhaft.
DORA Sie müssen mit der ganzen Zunge arbeiten. Sie flattern lassen, und nicht mit der Spitze in meinem Zahnfleisch rumbohren.
CHEF *verpaßt ihr eine Ohrfeige.*
DORA Kenne ich nicht, diese Technik. Haben Sie einen Steifen.

25. AM BAHNHOF. NACHDEM VIEL ZERBROCHEN IST.

Der feine Herr. Dora.

DER FEINE HERR Guten Tag, Dora. Warum so traurig.
DORA Ich habe ihn doch bloß geküßt.
DER FEINE HERR Wen haben Sie geküßt.
DORA Meinen Chef.
DER FEINE HERR Seinen Chef küßt man üblicherweise nicht.
DORA Warum nicht.
DER FEINE HERR Man tut es einfach nicht.
DORA Er hat mich immer geküßt. Und ich habe nie zurückgeküßt. Nur heute. Jetzt hat er mich entlassen.
DER FEINE HERR Machen Sie sich nichts draus, Dora. Die meisten Menschen wurden schon einmal entlassen.
DORA Sie auch.
DER FEINE HERR Nein, ich noch nicht.
   Dafür ging ich schon einmal Konkurs, und das ist noch schlimmer.
   Haben Sie schon Pläne. Für diesen freien Tag.
DORA Es geht nicht. Muß zehn Tage warten.
DER FEINE HERR Dora. Wir könnten zur Abwechslung einmal spazierengehen.

26. AN EINEM SEE. BEI EINEM CAMPINGPLATZ, WO MAN HINGEHT, WENN MAN BESTIMMTE ABSICHTEN HAT.

Dora. Der feine Herr.

DORA Da steht Papas Wagen. Da, neben dem Wohnwagen des Junggesellen.
DER FEINE HERR Welches Junggesellen.
DORA Des mittelalterlichen, sauberen, rasierten, gut bestückten Junggesellen.
DER FEINE HERR Hast du eine Bekanntschaft, Dora.

Dora Ich nicht, aber meine Mama.
Der feine Herr Da hat's Leute. Ich habe eine Frau gesehen.
Dora Das ist meine Mama.
Der feine Herr Und was macht sie da.
Dora Sie geht auf den Campingplatz, weil sie bestimmte Absichten hat.
Der feine Herr Schau an, das Mädchen weiß Bescheid.

27. ZU HAUSE. NACHDEM MAN SICH BEEILT HAT, UM VIELLEICHT DOCH NOCH RECHTZEITIG ZU SEIN.

Die Mutter. Dora. Der Vater.

Mutter Du bist schon zu Hause.
  Warum bist du nicht auf der Arbeit.
Dora Ich wurde entlassen. Ist nichts dabei. Jeder wurde schon einmal entlassen.
Mutter Er hat dich entlassen.
  Pause.
  Er muß das vorher mit mir absprechen. Ich werde diesen Kerl anrufen, und Montag gehst du wieder zur Arbeit.
Vater Vielleicht sollten wir erst einmal hören, was genau passiert ist.
Dora Bloß geküßt haben wir.
Vater Wen hast du geküßt, Dora, wen hast du geküßt.
Dora Den Chef. Aber er hat's nicht gemocht und auf den Boden gespuckt, und dann hat er mich entlassen, und dann sind wir spazierengegangen.
Mutter Spazierengegangen.
Dora Mein Freund und ich.
Mutter Und habt Händchen gehalten, wie.
Dora Nee, Händchen haben wir nicht gehalten, aber am Campingplatz waren wir.
Vater *matt:* So. Am Campingplatz.
  Und was wolltet ihr da.

Dora Nichts Bestimmtes.
Nicht wahr, Papa, Mama ist keine Anfängerin.
Vater Hängt vom Gebiet ab.
Dora Die Mutter vom Chef hat gesagt, einer Anfängerin könne es mit so einem keinen Spaß machen, aber Mama hat es Spaß gemacht, das habe ich genau gesehen.
Vater *schlägt Dora ins Gesicht.*
Dora Nimmst du mich mit, wenn ich keine Anfängerin mehr bin.
Vater *schlägt Dora ins Gesicht.*
Dora Ist doch nichts dabei. Du warst doch auch dabei.
Vater *schlägt erneut.*
Dora Okay.
Ist ja nichts dabei.

28. IN DER PRAXIS. SONNTAGS,
DER ARZT HAT SICH ZEIT GENOMMEN.

Der Arzt. Dora.

Arzt Das war roh von dir, Dora. Roh und gefühllos.
Dora *ißt Dörraprikosen.*
Klar.
Arzt Ich verstehe deinen Vater.
Da wäre jedem die Hand ausgerutscht.
Dora Sowieso.
Arzt Du machst es deinen Eltern zur Zeit sehr schwer, Dora.
Wäschst dich nicht, wurdest entlassen.
Deine Mutter weiß nicht mehr, was sie mit dir tun soll.
Pause.
Du bist vertiert.
Dora Meine Mutter ist eine gute liebe Frau.
Arzt Warum tust du diese Dinge.
Dora Weiß nicht.

ARZT Dann denk ein bißchen nach, streng dich an.
DORA Ich wußte nicht, daß meine Eltern ficken.
ARZT Alle Leute tun es.
DORA Und weshalb weiß es keiner.
ARZT Man weiß es.
DORA Warum darf ich nicht.
ARZT Du darfst, Dora.
DORA Okay.
ARZT Ich habe es vermutet.
DORA Sie hätten es mir sagen sollen.
ARZT Ich hielt es nicht für meine Aufgabe.
DORA Warum. Ficken Sie denn nicht.
ARZT Ich bevorzuge ein anderes Wort dafür, Dora. Ich nenne es Liebe machen.
DORA Und wo ist der Unterschied.
ARZT Es ist nicht so grob.
DORA Ich mag es grob.
  Ich spüre sonst nichts.
  Mögen Sie es nicht grob.
ARZT Nicht unbedingt.
DORA Warum nicht.
ARZT Es geht mir nicht nur um mich. Es geht auch um meine Frau.
DORA Und sie mag's nicht grob.
ARZT Das geht mir jetzt ein bißchen weit, Dora.
  Meine Frau und ich, wir lieben uns. Es ist ein Geben und Nehmen, verstehst du. Ein Hin und Her, nicht bloß ein Rein und Raus. Die Sexualität ist eine ganze Welt, ein Ozean, nicht. Man sitzt gemeinsam bei einem guten Essen, hört Musik, zündet eine Kerze an, nicht wahr, macht sich Komplimente.
DORA Was sind Komplimente.
ARZT Man sagt dem andern nette Dinge, daß er hübsch ist und man ihn gern hat. Und vielleicht, wenn beide Lust haben, tauscht man am Ende Zärtlichkeiten aus.
DORA Dann hat Mama nicht Liebe gemacht, sie hat gefickt. Sie hat nicht gegessen, und eine Kerze brannte auch nicht.

ARZT Das ist ihre Sache, Dora.
DORA Okay.
ARZT Wird dir eigentlich nicht schlecht von diesen Dingern.
DORA *schüttelt den Kopf und bietet dem Arzt eine Aprikose an. Er greift zu. Dazu summt sie ein Lied.*
  Ich mag Sie. Sie können die schwierigsten Dinge erklären.
ARZT Das freut mich, Dora.
DORA *Sie zieht den Pullover aus.*
ARZT Gut, Dora, bis hierhin.
DORA Warum nicht.
ARZT Steh auf. Zieh dich an.
DORA *tut's. Und fällt wieder hin.*

29. ARZTPRAXIS. SPÄT DIE STUNDE UND MÜDE.

Der Arzt. Die Mutter.

ARZT Dora hat von ihrem Erlebnis am Campingplatz erzählt.
MUTTER Das ist meine Privatsache.
ARZT Es beschäftigt Ihre Tochter.
MUTTER Mein Mann und ich wollen auch ein Privatleben. Ein Leben ohne sie. Wir haben keine Chance, uns etwas zu verheimlichen. Es ist schwierig genug, daß Dora nicht alles mitbekommt. Sie hockt ja immer zu Hause. Wenigstens bis vor kurzem. Also machen wir unsere Ausflüge zusammen. Sollten wir wegen Dora auf etwas verzichten.
ARZT Niemand verlangt das.
MUTTER Ich frage mich, ob sie das auch früher gemacht hat. In den letzten drei Jahren. Hat sie heimlich alles beobachtet und sich nichts anmerken lassen.
ARZT Was könnte sie beobachtet haben.
MUTTER Was weiß ich, was sie beobachtet hat. Unser Leben.
ARZT Dora lebt mit Ihnen. Sie braucht nicht zu beobachten, um über Ihr Leben Bescheid zu wissen.

MUTTER Sie erzählen Ihren Kindern wohl alles.
ARZT Ich habe keine Kinder.
MUTTER Dann sage ich Ihnen, wie es ist. Man zeigt seinen Kindern nicht das ganze Leben. Man behält sich gewisse Dinge zurück.
Warum spreche ich überhaupt darüber, hier, mit Ihnen. Es geht Sie nichts an, und es gibt darüber nichts zu sagen.
ARZT Sie hat es nun einmal mitgekriegt.
MUTTER Sie hat rumgeschnüffelt. Hat sie nun davon.
ARZT Ihrer Tochter geht es nicht gut.
MUTTER Sie kriegt seit drei Wochen keine Medikamente.

30. ZU HAUSE. MORGENS, AN DORAS BETT.

Die Mutter. Dora.

MUTTER Wenn du jammerst, gehe ich.
DORA Okay.
MUTTER Das hast du jetzt von deiner Haltlosigkeit.
DORA Warum hast du mir nichts erzählt.
MUTTER Was habe ich dir nicht erzählt.
DORA Daß du fickst.
MUTTER Weil es dich nichts angeht.
DORA In meinem ganzen Leben habe ich noch nie so etwas Schönes gesehen. Du sahst aus wie ein richtiger Engel.
MUTTER Sei still.
DORA Ich will auch solche Kleider tragen, solche Schuhe und Strümpfe.
MUTTER Das würde dir nicht stehen.
DORA Ich hatte ein schönes Gefühl, als ich euch sah, es war noch schöner als ficken, und dann haben wir Blödiane auch gefickt, gleich daneben, weil wir's nicht ausgehalten haben, dabei hätte ich zehn Tage warten müssen, aber ihr wart drinnen, in der Wärme, und wir waren draußen, aber es war

auch schön, ein bißchen kalt, aber ficken gibt warm. Und jetzt muß ich sterben.
MUTTER Warum hältst du nicht endlich deinen dummen Mund.
DORA Papa war doch auch dabei.
   Da kann es doch nichts Schlimmes sein.
   Und dein Gesicht war so fröhlich.
MUTTER Du verstehst nichts.
DORA Erklär es mir.
MUTTER Nein.
DORA Bitte.
MUTTER Ein andermal, vielleicht.
DORA Liebst du mich nicht mehr.
MUTTER Wie kommst du auf die Idee. Du sollst bloß deine Nase nicht in Dinge stecken, die dich nichts angehen.
DORA *lacht.*
MUTTER Was gibt es da zu lachen.
DORA Das ist lustig. Die Nase in Dinge stecken.
   Pause.
   Jetzt muß ich sterben.
   Sie verstummt.
MUTTER Laß dieses Theater.
DORA Ich liebe dich, Mama. Leb wohl.
MUTTER Hör jetzt auf damit, Dora.
DORA Klar.
MUTTER Dora.
   Schweigen.
   Dora. Laß diesen Unsinn.
   Dora.

31. ZU HAUSE. ALLEIN, IN EINER EINSAMEN, ABER RUHIGEN STUNDE, DAS WARTEN STIMMT VERSÖHNLICH.

Die Mutter. Der Vater.

MUTTER Irgendwie hatte ich immer diese Tierfilme im Kopf, in denen gezeigt wird, wie überhaupt keine Chance ein Tier schon nur mit der allerkleinsten Verletzung hat. Der Löwe tritt in einen Dorn, er kann nicht mehr jagen, Schluß. Mißgebildeter Nachwuchs wird auf der Stelle von der Mutter gefressen. Da reicht schon ein Fuß mit einer sechsten Zehe. Weil ein Lebewesen mit sechs Zehen nicht lebensfähig ist. Wir Menschen sind anders.

VATER Ich mache dir keinen Vorwurf.

MUTTER Soweit kommt's noch.
Pause
Ich glaubte, ich selbst sei krank, nicht Dora.
Ich fühlte mich vergiftet.

VATER Versteh ich nicht.

MUTTER Warst du noch nie auf dem Land in einem Gottesdienst. Da sieht man doch oft Familien mit vier, fünf Kindern, wie Orgelpfeifen, und alle tragen Brillen mit so dicken Gläsern, Mutter, Vater, Töchter, Söhne. Da fragt man sich doch, warum paaren sich ausgerechnet diese Leute, wenn beide ein Augenleiden haben. Das ist doch verantwortungslos.
Pause.
Warum haben wir uns gepaart.

VATER Soviel ich weiß, weil wir uns liebten.

MUTTER Ach so, deswegen.
Nee, weil wir es uns nicht ansehen. Ich sah dir nicht an, daß du krank bist.

VATER Ich bin kerngesund.

MUTTER Etwas an dir muß krank sein, sonst hättest du keine solche Tochter.

VATER Die Abweichung von der Norm ist nicht krankhaft.

MUTTER Wir sind bereits Abweichungen von der Norm, mein Lieber. Nur wußten wir es nicht. Unsere Gene sind schlecht, von der Weltraumstrahlung, vom Ozonloch, Umweltgift, weil unsere Eltern zu nahe verwandt waren.
VATER Unsere Eltern sind doch überhaupt nicht miteinander verwandt.
MUTTER Kann man nie wissen.
Wenn wir gewußt hätten, wie schlecht unsere Gene sind, wir hätten uns nicht gepaart.
VATER Du brauchst dir nicht alle Schuld aufzuladen.
MUTTER Mach ich doch nicht.
VATER Doch. Du läßt selten etwas übrig.
MUTTER Nimm es dir doch einfach.
VATER Wir hatten schöne Momente mit ihr.
MUTTER Nenn mir eine Sekunde, wo du dir nicht gewünscht hast, wir hätten ein normales, gesundes Kind.
VATER Ich hätte es Dora gewünscht. Daß sie gesund ist.
MUTTER Ach, hör doch auf mit diesem Unsinn, so etwas konntest du dir nicht einmal vorstellen. Eine gesunde Dora. Dora mit einem rosa Teint und einer schlanken Taille. Dora mit normalem Stuhlgang und nicht immer verstopft von diesen verdammten Medikamenten. Dora mit einem einzigen komplizierten Gedankengang. Dora, die nicht rumschreit oder tagelang nichts sagt. Dora, die einmal, eine einzige Minute lang, vollkommen sauber ist, auf der Bluse keinen Fleck, in der Unterhose keine Streifen. Das konntest du dir nicht vorstellen. Und wenn du es versuchst, dann bleibt nichts von Dora übrig. Sei einmal in deinem Leben ehrlich.
VATER Gesund oder krank, jeder Mensch hat seine Würde.
MUTTER Würde, hätte, könnte. Würde ist Sein im Konjunktiv. Wenn du gewußt hättest, als ich schwanger war, was aus dem Kind wird, hättest du Dora trotzdem gewollt. Sei ehrlich.
VATER Damals wußten wir es eben nicht.
MUTTER Heutzutage wüßten wir es.
Pause.

Zu Beginn tröstete ich mich damit, daß du und ich Dora überdauern würden. Geduldig sein, der Natur vertrauen, die würde das schon regeln. Und dann könnten wir es noch einmal versuchen. Aber das Kind war ja zäh, zäh wie Leder. Sie hängte sich an ihre Existenz, und dann waren wir plötzlich nicht mehr jung, und das Kind war sogar lebendiger als wir. Vögelte rum, wurde schwanger.

Hättest du gedacht, daß Dora schwanger werden kann. Ich meine, rein anatomisch.

Vater kann nicht antworten, denn Dora tritt auf.

DORA Hallo.

MUTTER Wir dachten, sie würden dich erst morgen aus dem Krankenhaus entlassen.

DORA Zäh wie Leder.

32. BEIM ARZT. EINE NEUE WOCHE BEGINNT, MAN GIBT SICH EINE NEUE CHANCE.

Dora. Der Arzt. Die Mutter.

DORA Heute möchte ich Ihnen etwas ausrichten. Mein Freund sagt, er ist einverstanden damit.

ARZT So.

DORA Wir möchten sehr gerne ein Kindchen, wenn es bitte möglich ist.

MUTTER Ich habe es ihr wieder und wieder gesagt, sie soll es sich aus dem Kopf schlagen.

DORA Er wünscht sich eine Familie.
Er hat Arbeit und verdient genug.
Es würde reichen für drei.

MUTTER Warum für drei.

DORA Für Vater, Mutter und Kind.

MUTTER Du willst ausziehen.

DORA Ich komme dich oft besuchen. Jedes Wochenende, bestimmt, ich versprech's.

MUTTER Das meint dieser Mensch doch nicht ehrlich.
DORA Er liebt mich.
MUTTER Woher willst du das wissen.
DORA So etwas spürt man.
ARZT Nun, da es den Verliebten wirklich ernst zu sein scheint, sollten wir dem Herrn eine Chance geben. Vielleicht ist er gar nicht so übel.
MUTTER Haben Sie nicht gesehen, wie er sie zugerichtet hat.
DORA Das ist meine Privatsache.
ARZT *zur Mutter:* Sehen Sie den Dingen ins Auge: man kann nicht die Ausgangslage verändern und glauben, es habe keine Folgen. Gerade Medikamente, die man nicht schluckt, haben mitunter die stärkste Wirkung.
MUTTER Wir sind viel zu weit gegangen.
ARZT Lassen Sie uns das Problem offen angehen. Dora. Was, glaubst du, würde dein Freund sagen, wenn du ihn bitten würdest, dich hierher zu begleiten.
DORA Weiß nicht.
ARZT Sag ihm, wir würden ihn gerne kennenlernen. Um zu dritt zu besprechen, wie das mit der jungen Familie funktionieren könnte.

33. IM HOTEL. DIE ZEIT SCHEINT KNAPP ZU SEIN.

Der feine Herr. Dora.

DER FEINE HERR Was genau haben sie gesagt.
DORA Wir wollen besprechen, wie das funktionieren könnte mit der jungen Familie.
DER FEINE HERR Schön. Und was soll ich da.
DORA Du bist der Vater.
DER FEINE HERR Weshalb soll ich deswegen zu einem Arzt. Mit dir. Und was macht deine Mutter da. Ist doch unsere Privatsache, oder nicht.
Nein, nein die Sache stinkt, Dora. Die wollen mich hopsnehmen.

DORA Meine Mutter will mit dir nicht ficken. Hat sie selbst gesagt.
DER FEINE HERR Sie wollen mir was anhängen. Denen paßt nicht, daß du meine Freundin bist. Verstehst du, es braucht heutzutage nicht viel, und man landet im Gefängnis. Liest du keine Zeitung.
DORA *verärgert:* Ich kann schon lesen.
DER FEINE HERR Das weiß ich doch, ich weiß doch, daß du liest. Sehr gut sogar.
DORA Der Arzt ist ein lieber Mensch. Und meine Mutter kennst du ja.
DER FEINE HERR Woher sollte ich deine Mutter kennen.
DORA Im Wohnwagen war nur eine Frau. Das war meine Mama.
DER FEINE HERR Deswegen kenne ich sie noch nicht.
DORA Aber sie kennt dich. Dich und deine Sorte. Sie haßt dich.
DER FEINE HERR Sag ich's doch. Die wollen mich hopsnehmen.
DORA Ich habe einen Plan.
  Bring deinen Koffer mit. So sehen sie, daß du arbeitest und keinen Dachschaden hast. Und zum Schluß schenkst du Mutter ein Parfum.
DER FEINE HERR Nicht alle Frauen mögen mein Parfum.
DORA Jeder Mensch ist korrupt.
DER FEINE HERR Du hast keine sehr gute Meinung von deiner Mutter.
DORA Meine Mutter ist eine liebe Frau.
DER FEINE HERR Also. Schön und gut durchdacht, bis hierher. Aber wie geht dein Plan dann weiter.
DORA Dann ficken wir ein Kind, und dann lassen wir es drin, bis es rauskommt, und dann geben wir ihm einen Namen.
DER FEINE HERR Den du bestimmt auch schon kennst.
DORA Wir geben ihm den schönsten Namen der Welt.
DER FEINE HERR Da bin ich aber gespannt.
DORA Unser Kind soll Dora heißen. Das ist der schönste Name der Welt.
  Du mußt nur mit zum Arzt kommen. Kommst du.

DER FEINE HERR Ich überleg's mir. Versprochen. Ich werde darüber schlafen. Komm zu mir.
DORA *tut's. Sie küssen.*
DER FEINE HERR Du riechst. Stinkst wie ein alter Ziegenbock. Was bist du für ein Engel. Daß es so etwas wie dich auf dieser Welt überhaupt gibt. Komm.
Sie küssen wieder.

34. BEIM ARZT. DIE ZEIT DEHNT UND DEHNT SICH ZU LANGEN FÄDEN, BIS SIE SCHLIESSLICH REISST.

Der Arzt. Dora. Die Mutter. Der Vater.

ARZT Wir haben lange genug gewartet.
DORA Er kommt noch.
MUTTER Das sagst du seit einer halben Stunde.
DORA Er wird kommen. Bestimmt.
MUTTER Jetzt reißt mir langsam die Geduld. Komm zur Vernunft, Dora. Dein Freund ist ein Dreckskerl, der keine Verantwortung kennt. Du bist an einen Sadisten geraten. So sieht's aus. Er mißbraucht dich für seine Fantasien. Sei es drum. Kann passieren. Deine Sache. Nur wärst du fast gestorben, um ein Haar wärst du jetzt tot.
DORA Er liebt mich.
MUTTER Du weißt nicht, was Liebe bedeutet.
DORA Ich fühle es.
ARZT Das bringt nichts. Wir brauchen eine Lösung, mit der alle leben können.
Der Reihe nach. Dora. Was ist dir das Wichtigste.
DORA Ich wünsche mir eine Dora.
ARZT Ist dir nicht die Liebe das Wichtigste.
DORA Eine Dora, die alle lieben können. Die gefickt wird. Die alle lieben. So wie mich. Ich werde von allen geliebt.
ARZT Gut. Das ist immerhin ein klarer Wunsch. Aber ich will ehrlich mit dir sein. Wir wissen nicht, wie dein Kind aussehen wird.

DORA So wie ich.
ARZT Es wird dir ähnlich sein, da hast du recht.
DORA Die Dora wird häßlich sein, so wie ich. Ist doch nichts dabei. Bloß bessere Zähne sollte sie haben. Da vorne wackelt schon wieder einer. Sehen Sie. Der hält nicht mehr lange.
ARZT Beantworte mir eine Frage, Dora.
Glaubst du, du seiest gesund.
DORA Ein Schnupfen ist im Anzug.
ARZT Du bist nicht gesund, Dora.
DORA Was habe ich denn.
ARZT Nichts Bedrohliches. Du bist ein gutes, starkes Mädchen. Aber dein Kind könnte eine viel, viel schlimmere Krankheit haben.
DORA Und dann stirbt's.
ARZT Vielleicht.
DORA Ooch.
ARZT Das willst du nicht.
DORA Nein.
ARZT Siehst du.
DORA Ich möchte keine Medikamente, wenn es bitte möglich ist.
ARZT Das verstehen wir, Dora, und wir respektieren es auch. Es gibt Gottseidank andere Lösungen. Das ist heute keine Sache mehr, wirklich nicht. Viele moderne, kluge Frauen, die keine Kinder haben wollen, lassen sich das machen. Sie lassen sich ihre Weiblichkeit nicht alleine übers Muttersein definieren. Und nebenbei: sogar Männer machen das.
DORA Macht Papa das auch.
VATER Ich habe schon daran gedacht.
DORA Wenn's Papa macht, dann will ich das auch machen.
Pause.
Muß ich danach wieder zehn Tage warten.
ARZT Ich fürchte, das wird nicht zu vermeiden sein. Dafür sind dir hinterher keine Grenzen gesetzt. Du wirst dein Leben selbstbestimmt leben können. Als ganze Frau.
MUTTER Und man kann es sogar rückgängig machen, nicht wahr.

ARZT Sicher, natürlich. Wenn jedes Detail zusammenkommt. Und es wirklich nötig sein sollte, dann kann man prüfen, ob das eine Möglichkeit sein könnte.

35. IM HOTEL. ZUR BLAUEN STUNDE.
Der feine Herr. Dora.

DER FEINE HERR Mach kein solches Gesicht. Es hat nichts mit dir zu tun. Ich war verhindert. Ich muß schließlich Geld verdienen.

DORA *mit einem Koffer in der Hand:* Erst wollten sie nur die Eierleiter durchschneiden, aber dann hat der Doktor gesagt, es sei gesünder, wenn sie mir die Gebärmutter auch gleich wegputzen. Weil ich die ohnehin nicht benötige, und da bekommt man so leicht Krebs. Und wenn ich Kinder will, machen sie es einfach wieder rückgängig.

DER FEINE HERR Haben sie das behauptet, Dora.

DORA Ja. Jetzt bin ich eine ganze Frau. Und modern.

DER FEINE HERR Die haben dich reingelegt. Eine solche Operation kann man nicht rückgängig machen.

DORA Nicht.

DER FEINE HERR Bestimmt nicht.

DORA Und was ist mit unseren Kindern.

DER FEINE HERR Damit ist jetzt Essig, fürchte ich.

DORA Ach. *Sie weint.*

DER FEINE HERR Weine nicht, kleine Russin. Ist vielleicht besser so.

DORA Willst du denn keine Familie mehr.

DER FEINE HERR Ist nicht so wichtig.

DORA *zieht sich aus.*

DER FEINE HERR Was machst du da. Laß das.

DORA Ficken wir nicht.

DER FEINE HERR Nein, bei dir drin ist bestimmt alles voller Blut. *Sie schmiegt sich an ihn.* Geh weg, du stinkst.

DORA Ist nicht meine Schuld. Sie haben mich gewaschen. Im Krankenhaus. Als ich schlief.
Wenn du mich nicht ficken willst, dann prügle mich ein bißchen, sei so lieb.
DER FEINE HERR Warum sollte ich dich verprügeln.
DORA Weil es Spaß macht.
DER FEINE HERR Gehst du das rumerzählen. Daß ich dich verprügle.
DORA Meiner Mutter habe ich es erzählt.
DER FEINE HERR Du solltest deine eigene Mutter nicht anlügen, Dora.
DORA Ich lüge sie nicht an.
DER FEINE HERR Noch nie habe ich dich geprügelt, meine kleine Russin. Noch kein einziges Mal. *Er schlägt sie.* Jetzt verprügle ich dich, Dora. Siehst du den Unterschied.
DORA Nein. Erklärst du ihn mir.
DER FEINE HERR *schlägt Dora wieder.* Macht's Spaß.
DORA Es geht.
DER FEINE HERR *schlägt Dora wieder.* Na, und jetzt, bemerkst du ihn jetzt, den Unterschied.
DORA Tut ein bißchen weh.
DER FEINE HERR Ein bißchen, ja. *Er schlägt sie.*
Der Unterschied ist, ich fick dich nicht hinterher.
Das ist der Unterschied.
DORA Okay.
DER FEINE HERR Und jetzt pack dein Zeug zusammen.
DORA Fahren wir denn nicht nach Rußland.
DER FEINE HERR Natürlich fahren wir nach Rußland. Ich muß bloß noch ein paar Dinge erledigen. Geh schon einmal vor, wir sehen uns da.
DORA Aber ich kenne den Weg nicht nach Rußland.
DER FEINE HERR Fahr zum Bahnhof. Da steht's bestimmt irgendwo angeschrieben. Du kannst doch lesen.
DORA *nickt.* Kommst du bald.
DER FEINE HERR Natürlich. Ich werde dich doch nicht warten lassen.

Warte. *Er reicht ihr einen Geldschein.*
Da hast du deine zehn Franken zurück. Damit wir quitt sind.
DORA Wenn Mama das jetzt sehen könnte. Sie hat behauptet, ich würde das Geld nie wiedersehen. Und daß wir nach Rußland fahren, hat sie auch nicht geglaubt und wollte mich gar nicht gehen lassen. Und Papa hat gesagt, einmal mußte dieser Zeitpunkt ja kommen, aber Mama hat geweint, und dann hat er gesagt, wer losläßt, hat die Hände frei, aber Mama hat geweint, und Papa hat gesagt, wir haben sie gut vorbereitet, und Mama hat meinen Koffer gepackt und hat geweint und hat auch nicht aufgehört, als ich ihr versprochen habe, aus Rußland eine Ansichtskarte zu schicken.
DER FEINE HERR Sie wird sich freuen, wenn sie sie in den Händen hält.
Jetzt aber los mit dir, sonst verpaßt du deinen Zug.
DORA Küßt du mich.
DER FEINE HERR Nein, Dora, denn wenn ich dich küssen würde, wäre es doch ein Abschied. Ich küsse dich in Rußland, meine kleine Prinzessin, ich küsse dich in Rußland.

Fin de la bobine.

Der Bus
(Das Zeug einer Heiligen)
Schauspiel

And now I am learning bit by bit
about the make and model shit
the muddy bowl I live in it
and all the mucks that tire us

And I am feared if I don't have
a piglet, lamb or little calve
I'll chop my human-ness in half
and be as worm or virus

Will Oldham

Erika, eine Pilgerin für Tschenstochau
Hermann, der Fahrer
Jasmin
Die Dicke
Karl
Anton, der Tankwart
Herr Kramer, eine Stimme
Eine alte Pilgerin
Ein alter Pilger

In einem Wald in den Bergen, an einer Straße; später bei Antons Tankstelle; danach auf einer Hochebene; schließlich an einem Ort, ähnlich dem Durchgangsheim am Glowny Rynek in Tschenstochau, Polen.

ERSTENS

An einer Straße. In einem Wald. Mitten in der Nacht. Ein Reisebus steht am Straßenrand. Die Aufschrift: »Hermann Reisen«. Durch die Fenster fällt Licht. Die Scheinwerfer werfen Kegel ins Dunkel. Erika, eine junge Frau, steht da, im Wind, blaß, verschlafen, mit zerzaustem Haar und zerknautschtem Gesicht, und Hermann, der Fahrer, daneben, groß, grobschlächtig, mit dem Hemd über der zerknitterten Hose, betrachtet die Frau lauernd und wütend.

ERIKA Dann fährt dieser Bus überhaupt nicht nach Tschenstochau.
HERMANN Ganz genau.
ERIKA Aber. Dann sitze ich im falschen Bus.
HERMANN Im ganz falschen.
ERIKA Um Gottes willen.
HERMANN Nun stell dich nicht scheinheilig. Du weißt ganz genau, in welchem Bus du sitzt.
ERIKA Das ist nicht wahr.
HERMANN Bin ich blöd. Seit acht Stunden sind wir unterwegs. Wir sind durch den halben Kontinent gefahren. Du hast gesehen, in welche Richtung es ging. Bist du blöd.
ERIKA Ich habe geschlafen.
HERMANN Jetzt bist du wach. Guten Morgen. Jetzt bist du wieder unter den Lebendigen. Geschlafen. Die ganzen acht Stunden. Soll ichs etwa glauben.
ERIKA Bitte.
HERMANN Wir sind im Stau gestanden, und ich habe gesungen, so:
Er singt laut.
»Wenn ich noch einmal dein Gesicht sehen könnte, Rosalin.«
Hast du nicht gehört.
ERIKA Ehrlich nicht.

HERMANN Wir mußten diese verdammte Musik anhören, diese Geigenmusik, fürchterlich.
Und Herr Kramer hat dazu geschrieen, alles in allem bestimmt drei Stunden, drei Stunden von den acht, und das Kind hat geschlafen und nichts gehört.
ERIKA Letzte Nacht habe ich kein Auge zugetan. Deshalb.
HERMANN Die letzte Nacht. So. Das war eine schöne Nacht.
ERIKA Nicht für mich.
HERMANN Daran sollten wir nicht denken. Das hier ist eine andere Nacht. Eine schlimme Nacht. Ganz schlimm.
ERIKA Warum.
HERMANN Weiß ich auch nicht, warum. Sie ist schlimm, weil sie schlimm ist, und damit hat es sich.
ERIKA Wo sind wir.
HERMANN Wo sind wir. Wo sind wir. Wir wollen sehen. Es steigt feucht vom Boden auf. Frisch ist es auch, und: Wir sehen keine Lichter. Wenn das Licht aus dem Bus nicht wäre, wir sähen die Hand nicht vor den Augen. Da steht, glaube ich, eine Tanne. Und da. Da steht noch eine. Und dort. Was ist das. Ebenfalls eine Tanne, so weit ich sehen kann. Also.
ERIKA Wie.
HERMANN Man darf annehmen, wir stehen in einem Wald.
ERIKA In einem Wald.
HERMANN Dahin geht meine Vermutung.

...

ERIKA Gings die acht Stunden wenigstens in Richtung Tschenstochau.
HERMANN Was weiß ich. Keine Ahnung, wo dein Tschenstochau liegt.
ERIKA In Polen.
HERMANN Wer will nach Polen. Hier will keiner nach Polen. Jetzt gibt es eine Aufregung. Wegen dir. Wir werden Verspätung haben, und ich lebe von der Pünktlichkeit.
ERIKA Ist das hier der Osten.

HERMANN Das sind die Berge. Die Herrschaften fahren zur Kur, zur Erholung.

ERIKA Das kann nicht sein.

HERMANN Zeig einmal. Du hast eine ungesunde Farbe im Gesicht, die kommt nicht vom Mondlicht. Die Kur ist zwar eine Tortur, ich sehe es den Leuten an, wenn ich sie nach einer Woche wieder abhole. Aber schlußendlich sind sie doch gesund. Das wäre was für dich, Eisbecken, Schlammhöhlen, Schwefeltunken, so schlecht, wie du aussiehst.

ERIKA Wenn ich morgen früh nicht in Tschenstochau bin, gibt es ein Unglück.

HERMANN Im Kurhotel kneten sie dich durch, bis du weich bist, sie legen dich in Schlammbäder, du wirst ins Dampfbad gesteckt und gar gesotten, und dann mußt du Schwefelwasser saufen. Alles sehr gesund. Die Leute stinken danach. Du weißt wie. Nach faulen Eiern. Was sagst du. Schwefelwasser. Das wäre etwas für dich. Du nimmst doch Drogen.

ERIKA Bestimmt nicht.

HERMANN Sieht man aber.

ERIKA Ich bin bloß erschöpft.

HERMANN Auf Entzug bist du. Gib es ruhig zu. Ist doch nichts dabei.

ERIKA Ich nehme keine Drogen.

HERMANN Mich kannst du nicht. Nicht den Hermann. Besorgst in Polen deinen Stoff. Weil er dort billiger ist. Schleichst in meinen Bus und stellst dich tot. Wie nennt man das. Wie.

ERIKA Wie.

HERMANN Raus damit. Wie nennt man das.

ERIKA Ich bin kein blinder Passagier.

HERMANN Blinder Passagier. Allerdings. Umsonst reisen, erstens, und dann zweitens still am Zoll vorbei, damit sie dich nicht fischen. Ich weiß Bescheid. Ich sehe euch am Busport. Pech gehabt, Mädchen. Das hier ist keine Polenfahrt. Wir fahren in die Berge. Hier gibt es keine Drogen.

…

HERMANN Aber ich bin nicht so.
ERIKA Wie.
HERMANN Ich bin nicht schlecht. Ich bin kein böser Mensch. Mags bloß nicht, wenn eine mich bescheißt.
ERIKA Tut mir leid.
HERMANN Eben. Weiß ich doch. Ich will dir helfen.
ERIKA Wirklich.
HERMANN Bin ich schlecht. Vielleicht, vielleicht bin ich schlecht. Wer kann das wissen. Aber nur, weil ich vielleicht schlecht bin, heißt das noch lange nicht, daß ich nicht helfen will. Der Mensch ist unschuldig, wenn er schläft. Und du hast doch geschlafen.
ERIKA Habe ich doch gesagt.
HERMANN Wehe, du bescheißt mich. Dann kannst du was erleben.
ERIKA Ich habe geschlafen.

...

HERMANN Wie heißt du.
ERIKA Erika.
HERMANN Du erinnerst mich an meine Emmy. Ich habe sie geliebt, aber sie mich nicht, obwohl das Luder es behauptet hat. Ich liebe dich. Ich liebe dich. Sie hat mich ausgesogen. Sie war viel jünger als ich. So. Und dann ist sie krepiert. Ich habe ihr das nicht gewünscht, aber verdient hat sie es schlußendlich doch. Mich so abzuziehen.
ERIKA Tut mir leid für Sie.
HERMANN Hast sie doch nicht gekannt, warum nimmst du sie in Schutz.
ERIKA Ich meine, es tut mir leid wegen Ihnen.
HERMANN Braucht es nicht. Bin ja nicht krepiert. Ich lebe noch.

...

HERMANN Wie hieß dieser Ort gleich schon wieder.
ERIKA Tschenstochau.

HERMANN In Polen.
ERIKA Genau.
HERMANN Und du willst da wirklich hin.
ERIKA Bitte.
HERMANN Es ist mir eine Freude. Ich habe immer gerne geholfen. Es gibt mir etwas. Und deshalb bin ich oft der Dumme.
ERIKA Es war keine Absicht.
HERMANN Ich war auch einmal jung. Aber Drogen habe ich nie geschluckt.

...

HERMANN Was mich wirklich krank macht, ist diese verdammte Lügerei. Ein Mensch macht Fehler. Ich habe Fehler gemacht, ich stehe dazu. Geradewegs. Ein Mensch kann mich um alles bitten, aber wenn ich merke, er belügt mich, dann machts klick in meinem Kopf, und dann werde ich ein anderer Mensch. Klick. Das ist dann nicht mehr schön.
ERIKA Ich habe Sie nicht belogen.
HERMANN Was willst du eigentlich in Polen.
ERIKA Ich muß zur Schwarzen Madonna.
HERMANN Aha. Das kenne ich nicht. Was ist das.
ERIKA Die Mutter Gottes, die Mutter unseres Erlösers.
HERMANN Und das ist eine Negerin.
ERIKA Ich glaube schon.
HERMANN Unser Erlöser war ein Neger. Das wußte ich nicht.
ERIKA Er war kein Neger.
HERMANN Aber seine Mutter schon.
  Ich habe nichts gegen Neger, aber da stimmt etwas nicht.
ERIKA Das ist eben die Freiheit der Kunst.
HERMANN Und aus was ist diese Negermadonna.
ERIKA Aus Holz.
HERMANN Geschnitzt.
ERIKA Gemalt.
HERMANN Ich schnitze auch.

Er zieht ein Messer aus der Tasche.
Kein richtiges Schnitzmesser. Ein Hirschfänger. Wenn der Jäger den Hirsch nur verletzt hat, dann sticht er ihm den ins Genick. Hier.
Er zeigt Erika die Stelle an ihrem Genick.
Hier sticht man dem armen Hirsch das Messer ins Genick.
ERIKA Nicht.
HERMANN Reich mir einmal ein Stück Holz, da, diesen Ast. Los.
ERIKA *tuts.*
HERMANN So. Jetzt paß mal auf. Ein Trick. Zuerst hier ein Schnitt, so, das sind die Augen, dann hier die Nase, das Kinn, hier, und da, die Haare noch zum Schluß, fertig. Hier. Gib mir ein paar von deinen Haaren.
ERIKA Was wollen Sie damit.
HERMANN Siehst du gleich.
ERIKA Aber.
HERMANN Du wirst doch wohl ein paar von deinen Haaren entbehren können.
ERIKA *reißt sich einige Haare aus.*
HERMANN Die wickle ich ihm noch um den Kopf. Ein Mensch braucht zu seiner Würde schließlich Haare.
Was hältst du davon.
Er reicht ihr die Schnitzerei.
ERIKA Hübsch. Wirklich.
HERMANN Und wem sieht das ähnlich.
ERIKA Könnt ich nicht sagen.
HERMANN Bist du blöd. Sieht man doch.
ERIKA Na ja.
HERMANN Du verstehst doch was von Kunst, hast du gesagt.
ERIKA Nicht wirklich.
HERMANN Hast du aber behauptet.
ERIKA Ein bißchen.
HERMANN Also. Diese treuen Augen. Das freundliche Lachen.
ERIKA Ich komm nicht drauf.

HERMANN Als ich zum ersten Mal geschnitzt habe, wollte ich ein Tier schnitzen. Einen Ziegenbock. Ich mag die Viecher, die Hörner, das Bärtchen. Also, ich schnitze einen Ziegenbock, das war, glaube ich, irgendwo am Rhein, auf einer Sonntagsfahrt zur Loreley, die Herrschaften sind in der Burg, auf dem Hügel, und ich muß warten und schnitze einen Ziegenbock, die Hörner, den Bart, aber wie ich fertig bin, ist das kein Ziegenbock, der mich ansieht, sondern eben. Ich. Seither versuche ich den Ziegenbock wieder und wieder, wer grinst mich immer an.
Das bin ich. Das ist der Hermann.
Hermann, sag einmal guten Tag zur Erika.
Mit verstellter Stimme:
Guten Tag, Erika.
ERIKA *schweigt.*
HERMANN *mit verstellter Stimme:*
Erika. Hallo. Hörst du mich. Hallo.
ERIKA Ich höre Sie.
HERMANN *mit verstellter Stimme:*
Ich bin der Hermann. Und du bist die blöde Erika, die absichtlich in den falschen Bus steigt. Hast du aber ein Glück gehabt. Hermann wird dir helfen. Das ist nämlich nicht irgendein Hermann, das ist der liebste und beste und liebste Hermann der Welt.
ERIKA Freut mich.

...

HERMANN Spinnst du. Warum antwortest du einem Stück Holz.
ERIKA Ich dachte.
HERMANN Gibt das Mädchen einem toten Ast Antwort. Bist du blöd.
ERIKA Ich spielte doch auch.
HERMANN Erzähl mir nichts. Du hast geglaubt, der Ast sei lebendig.
ERIKA Bestimmt nicht.

HERMANN Lüg nicht.
ERIKA Ich lüge nicht.
HERMANN Ich habe es dir gesagt. Wenn du mich belügst, werde ich ungemütlich. Ein anderer. Meine Stimme verändert sich, sie wird tiefer. Und ganz leise.
Er spricht tief und leise.
Warum belügst du mich, Erika.
ERIKA Ehrlich, ich lüge nicht.
HERMANN Was habe ich dir getan.
ERIKA Ruhig.
HERMANN *lacht.*
Himmel, was bist du blöd. Das war nur gespielt. Ich weiß doch, daß du nicht gelogen hast. Habe ich doch gesagt. Hast dir aus Angst beinahe in die Hose gemacht.
ERIKA Sie haben aber auch einen Humor.

...

HERMANN Wenn wir jetzt noch einen Schnürsenkel hätten. Gib mir deinen, sei so lieb.
ERIKA Ich bitte Sie.
HERMANN Du hast doch zwei. Und ich habe keinen. Siehst du doch. Das sind Klettverschlüsse.
ERIKA Wie soll das gehen ohne Schnürsenkel.
HERMANN Jetzt sei nicht so geizig. Wer zwei hat, gebe dem eins, der keins hat. Bitte sehr. Kriegst ihn ja wieder.
ERIKA Bestimmt.
HERMANN Aber ja.
ERIKA *löst den Schnürsenkel aus ihrem rechten Schuh.*
Hier. Bitte.
HERMANN So. Das binden wir dem Hermann jetzt um die Brust. So. Hier.
Er will Erika den hölzernen Hermann reichen.
ERIKA Was soll ich damit.
HERMANN Kannst du dir um den Hals hängen. Als Talisman.
ERIKA Das kann ich nicht tun.

HERMANN Es ist ein Geschenk. Du mußt.
ERIKA Nein, bitte.
HERMANN Hermann wird dir Glück bringen, und Glück wirst du noch brauchen, das sage ich dir.
ERIKA Ich darf keinen Talisman tragen.
HERMANN Wer sagt das.
ERIKA Die Bibel sagt das.
HERMANN Wo sagt sie das.
ERIKA An einer Stelle. Mit dem Goldenen Kalb.

...

HERMANN Meinen Hermann willst du also nicht. Aber nach Polen zu dieser Negermama fährst du.
ERIKA Das ist nicht dasselbe.
HERMANN Jedenfalls bist du undankbar. Dann bleibt Hermann eben bei mir.
Er hängt sich den hölzernen Hermann um den Hals.
Du wirst noch bereuen, einen Glücksbringer verschmäht zu haben, versprochen.
ERIKA Und was wird aus meinem Schnürsenkel.
HERMANN Hättest du dir besser vorher überlegt.
ERIKA Ich verliere meinen Schuh.
HERMANN Siehst du. Schon verläßt dich das Glück.

...

ERIKA Wollen Sie jetzt bitte so freundlich sein und verraten, wie Sie mir helfen wollen.
HERMANN Gerade jetzt wollte ich dir helfen. Ich wollte dir einen Talisman schenken. Aber du bist ja was Besseres. Du brauchst meinen Hermann ja nicht.
ERIKA Sie wollten mir helfen, nach Tschenstochau zu kommen.
HERMANN Mit meinem Hermann wärst du schon auf dem Weg dorthin.

...

HERMANN Wenn ich du wäre, würde ich mir auch ein Messer besorgen. Wenn dir langweilig ist, kannst du wenigstens schnitzen. So brauchst du keine Drogen. Die Sucht kommt von der Langeweile.
ERIKA Ich langweile mich nicht. Ich habe meinen Glauben.
HERMANN Was ist das für ein Glaube, dein Glaube.
ERIKA Daß der Herr seinen Sohn auf die Erde geschickt hat und daß dieser Sohn, der Jesus Christus ist, für unsere Sünden gestorben ist.
HERMANN *sinkt auf die Knie, faltet die Hände zum Gebet und murmelt Unverständliches.*
ERIKA Was tun Sie. Tun Sie das nicht. Stehen Sie auf. Lassen Sie das bitte.
HERMANN *lacht.*
Das war eine Parodie. So sieht das dann aus, wenn du vor der Negermama auf die Knie sinkst. Ich habe es mir vorgestellt. Jetzt schaust du blöd.

...

HERMANN Bist du eine Heilige.
ERIKA Nein.
HERMANN Dann schau nicht so blöd.

...

ERIKA *will abgehen.*
HERMANN Wo gehst du hin.
ERIKA Zurück in den Bus.
HERMANN Bleib hier.
ERIKA Mir ist kalt.
HERMANN Hiergeblieben, sage ich.
Er hält sie zurück.
ERIKA Lassen Sie los.
Das tut weh.
Sie reißt sich los.
HERMANN Geduld, Vögelchen, bleib schön im Käfig.

Er packt sie wieder, und als Erika sich nicht fügt und wieder zu befreien versucht, schlägt Hermann sie.
Das tut mir leid. Das wollte ich nicht.
ERIKA Mitten ins Gesicht.
HERMANN Ein Klaps. Ist nicht so schlimm.
ERIKA Sie können doch mit mir reden.
HERMANN Das ist eben meine Art. Ich bin nicht böse.
ERIKA Vor Ihnen habe ich keine Angst. Ich steige jetzt in den Bus. Treten Sie bitte zur Seite.
HERMANN *schlägt Erika wieder.*
Ja, wenn ich mir das ansehe.
Kindkindkindkind. Was hilft es, keine Angst zu haben. Jetzt heulst du trotzdem. Zeig mir deine Fahrkarte, so wird es besser.
ERIKA Welche Fahrkarte.
HERMANN Die Fahrkarte für meinen Bus.
ERIKA Ich habe doch keine.
HERMANN Ja wie. Du hast keine Fahrkarte.
ERIKA Bloß eine nach Tschenstochau.
HERMANN Moment. Das muß ich zuerst ordnen. Du hast keine Fahrkarte, und trotzdem steigst du in meinen Bus. Wie nennt man das.
ERIKA Wie.
HERMANN Ich frage dich. Wie nennt man das, ohne Fahrkarte in einen Bus zu steigen.
ERIKA Schwarzfahren.
HERMANN Schwarzfahren. Ist das deine Religion. Betrügen. Ist das fromm.
ERIKA Es war keine Absicht.
HERMANN An den Erlöser glauben, der für unsere Sünden gestorben ist, und gleichzeitig seine Mitmenschen betrügen. Wie geht das zusammen. Ist das die Religion deiner Negermutter.
ERIKA Sie wollten mir helfen.
HERMANN Ich versuchs ja, aber bei dir ist das schwierig. Ihr Frauen laßt euch nicht helfen.

Erika Bestimmt nicht mit Schlägen.
Hermann Meine Güte, was bist du nachtragend. Humorlos, und dazu noch nachtragend. Nicht gerade das, was man sympathisch nennt.

...

Hermann Das ist mein einziger Bus. Vierundfünfzig Plätze. Ich habe keine Angestellten. Ich bin kein Kapitalist. Warum bescheißt du nicht eine der großen Linien. Warum bescheißt du nicht die Konkurrenz. Warum nicht den Gafner. Der hat achtzehn Busse. Acht-zehn. Er zahlt den Fahrern Hungerlöhne, Erika, bestenfalls Hungerlöhne. Dieser Mensch zwingt sie, die Ruhepausen nicht einzuhalten, fünfzehn Stunden durchzufahren, damit er die Preise drücken kann. Ich weiß nicht, wie lange ich noch durchhalte. Ich fahre sechs Tage die Woche. Nichts gönne ich mir, Erika, nichts. Aber darüber beklage ich mich nicht. Worüber ich mich beklage, ist, daß da eine kommt, so eine Junge, Hübsche, Gutausgebildete, die behauptet, an Gott zu glauben, und alles kaputtmacht. Mich bescheißen will. Und dann haue ich dir eine in dein gutausgebildetes Gesicht, unrechtmäßigerweise, ich gebs zu, und was heißt es dann. Hermann ist schlecht. Man weiß es. Ist ja bekannt. Er schlägt die Frauen. Fragt einer nach den Gründen. Ich hätte dich weiß Gott lieber nicht geschlagen. Es fällt auf mich zurück. Ganz sicher. Wir leben in einer ungerechten Welt.
Erika Lassen Sie dieses Gejammer. Ein Mann in Ihrem Alter, der über die Schlechtigkeit der Welt flennt. Peinlich. Es geschehen eben manchmal Dinge, die man vorher nicht geplant hat. Schauen Sie mich an. Ich muß nach Tschenstochau, und sitze irgendwo in einem Wald. Beklage ich mich. Mache ich jemanden dafür verantwortlich. Sie sollten den Fehler nicht bei den anderen suchen. Wenn Sie etwas ändern wollen, ändern Sie es.
Hermann Wo hast du das gelernt.
Erika Was habe ich wo gelernt.

Hermann Dieses Redenschwingen. Richtig überzeugend. Ich jammere zu oft, das ist schon richtig. Aber was soll ich machen. Es ist, wie es ist.

...

Erika *zückt ihre Börse.*
Hermann Dein Geld will ich nicht.
Erika Ich will nichts schuldig bleiben. Ich bezahle die Fahrt, und am nächsten Ort steige ich aus.
Hermann In meinen Bus steigst du nicht wieder.
Erika Und warum nicht.
Hermann Warum. Warum. Es gibt kein Warum. Habe ich schon gesagt.
Erika Sie wollten mir helfen.
Hermann Alles ändert sich. Sieh. Die einen haben eine Karte gekauft, bezahlt, waren ehrlich, und die anderen betrügen, bescheißen, lügen. Wie es ihnen paßt. Diesen werde ich nicht helfen. Auf der Welt mag es ungerecht zugehen. Aber bestimmt nicht in meinem Bus.
Erika Und wie soll es weitergehen.
Hermann Das ist kein schlechter Wald. Such dir eine Tanne aus. Diese dort sieht gerade aus wie eine Tanne bei uns zu Hause. Da würde ich mich unterstellen. Und still sein, wenn du Menschen hörst.
Erika Sie werden mich nicht in dieser Wildnis lassen.
Hermann Das ist keine Wildnis. Hier gibt es keine wilden Tiere.
Erika Es ist mitten in der Nacht.
Hermann Und. Du hast schon geschlafen. Es wird dir nicht schwerfallen, wach zu bleiben. Und dunkler wird es nicht. Ich hole dein Gepäck. Du wartest hier.
Er will ab.

...

Erika *faltet ihre Hände zum Gebet:* Vaterunser der Du bist im Himmel Dein Name werde geheiligt Dein Reich komme Dein Wille geschehe.

HERMANN Laß das. Ich mag das nicht. Das ist so fies.
Sei still.
Ruhe sage ich.
Er versucht, Erikas gefaltete Hände zu lösen.
Nimm deine Hände. Auseinander sage ich. Ich werde dir.
Gut also. Ich zähle bis drei, dann breche ich deine Finger.
Eins.
ERIKA Im Himmel wie auch auf Erden.
HERMANN Zwei.
ERIKA Und vergib uns unsere Schuld, wie auch wir vergeben unseren Schuldigern.
HERMANN Drei.
Er bricht Erika die Finger.
ERIKA *schreit.*
HERMANN Du Dreckstück. Hier rumschreien. Jetzt steigen die Herrschaften aus, und steigt einer aus, steigen alle aus, und wenn sie ausgestiegen sind, kriege ich sie nicht wieder in den Bus zurück. Und dann. Verspätung. Dreckstück.
ERIKA *wimmert.*
Meine Hand. Sie haben mir die Hand gebrochen.
HERMANN Wirst jetzt hier nicht jammern. Eine Frau in deinem Alter. Peinlich. Ich habe dich gewarnt. Das war allen klar. Jetzt kommen sie. Dreck. Da sind sie schon.

...

Die Dicke und Jasmin steigen aus dem Bus.
HERMANN Nicht aussteigen. Hier kein ordentlicher Halt. Die Fahrt wird umgehend fortgesetzt.
JASMIN Hast du eben geschrieen, Hermann.
HERMANN Warum sollte ich denn bitte schreien.
JASMIN Da war ein Schrei. Laut und deutlich.
HERMANN So.
JASMIN Wer ist das, Hermann.
HERMANN Das. Das ist niemand. Dreck. Ein blinder Passagier. Die gibt es eigentlich nicht. Ich erledige das schon.
ERIKA Er hat meine Hand gebrochen.

HERMANN Bleibt von ihr weg. Nicht näher treten. Sie ist gefährlich.
JASMIN Gefährlich.
HERMANN Eine Drogensüchtige. Sie will in Polen Stoff besorgen.
DIE DICKE Fahren wir nach Polen. Wir fahren doch überhaupt nicht nach Polen.

...

JASMIN Hermann, erklär dich.
HERMANN Es gibt nichts zu erklären. Das Vögelchen hat sich den falschen Bus ausgesucht.
JASMIN Und wie hat sie die Hand gebrochen.
HERMANN Du mußt verstehen, Jasmin, das sind die Gesetze der Straße. Die mögen grausam erscheinen, aber wenn ich nicht durchgreife, verwildern die Sitten.
DIE DICKE Wird nicht kontrolliert, wer alles in den Bus steigt.
HERMANN Jasmin, wenn dieses Objekt nicht in drei Sekunden im Bus ist, drehe ich ihr den Hals um.
JASMIN Hast du kontrolliert. Antworte.
HERMANN Natürlich habe ich kontrolliert. Was soll ich machen. Sie hat sich reingeschlichen, als keiner hinsah.
DIE DICKE Während der ganzen Reise sitzt eine Fixerin in unserem Bus, und unser Fahrer weiß nichts davon.
HERMANN Jetzt hat sie es erfaßt.
DIE DICKE Das ist das Letzte, Hermann, das Allerletzte.
HERMANN Ich wurde eben ausgenutzt und hintergangen.
DIE DICKE Eine Ausrede findet er immer.
JASMIN Sie hat recht, Hermann. Es liegt in deiner Verantwortung.
HERMANN Ja, hackt nur alle auf mir herum.

...

HERMANN Ein Trick. Ein bißchen Musik wird helfen. Geigenmusik müßte die Lage beruhigen. Wir kriegen das alles in den Griff. Geh, dreh die Musik auf. Willst du so lieb sein.

Jasmin Ich dachte, du magst die Musik nicht.
Hermann Alles eine Frage des Zeitpunkts.
Die Dicke *geht ab, während sich Jasmin Erikas Hand ansieht.*
Jasmin Schlimm sieht das aus.
Hermann Hühnerknochen, ging ganz leicht. Wie heißt das. Osteoporose. Kommt von den Drogen.
Erika Ich habe zu meinem Herrn gebetet, wie er es uns gelehrt hat im Evangelium.
Hermann Das war nicht echt. Kann jeder, so scheinbeten.
Erika Es war echt.
Hermann Glaube ich nicht.
Jasmin Ich kenne sie. Ich hatte sie einmal in der Wohnung. Es ging mir nicht gut damals. Diese Leute riechen das. Sie stand an der Tür, hat gelächelt. Ihr war alles klar, es gab keine Frage. Nichts für mich. Aber einen Augenblick später sitzt sie in der Küche und trinkt den Kaffee, den ich für mich gekocht habe.
Hermann Du enttäuschst mich, Jasmin.
Jasmin Sie ist gut, Hermann, wirklich gut. Nach zwei Stunden kannte sie meine privatesten Geheimnisse, ich hatte ihr mein ganzes Leben erzählt, meine ganze Misere. Und weißt du was. Sie kannte die Lösung.
Hermann Welche Lösung.
Jasmin Die Lösung für meine Probleme.
Hermann Also nach zwei Stunden hätte ich sie auch.
Jasmin Sie kannte die Lösung schon vorher.
Hermann Wie, vorher.
Jasmin Ich hätte ihr nichts erzählen müssen. Es gibt nur die eine Lösung. Für jedes Problem.
Hermann Aha. Wie lautet die Lösung.
Jasmin Wie lautet die Lösung.
Erika Sie kennen die Lösung.
Hermann Werd nicht frech, du, antworte.
Erika Bekenne deine Sünden und bestimme Jesus Christus zu deinem Herrn und Hirten, denn für deine Sünden ist er am Kreuz gestorben.

JASMIN Sie fürchtet sich nicht. Alles würde ich tun, um die Angst zu vergessen. Es hat nicht funktioniert. Nicht bei mir.
HERMANN Du irrst dich, Jasmin. Gerade eben hatte sie ziemlich Schiß.
JASMIN Sie hat keine Angst. Vor nichts. Auch nicht vor dem Tod.
ERIKA Warum auch. Das hier ist nicht das Ende. Nicht einmal der Anfang.

...

Nun erklingt aus dem Bus die Geigenmusik.
HERMANN Fürchterlich, dieses Gefiedel macht mich krank. Muß ich mir das gefallen lassen.
JASMIN Es war deine Idee.
HERMANN Ein kleiner Trick. Ich wollte diese Seekuh weghaben. Wenn sie daneben steht, kann ich nicht denken. Sie stinkt, ist dir das nicht aufgefallen.

...

JASMIN Wie heißt das, wo Sie hinwollen.
ERIKA Tschenstochau.
JASMIN Waren wir da schon.
HERMANN *folgt der Musik.*
JASMIN Hermann. Waren wir schon in Tschenstochau.
HERMANN Wie es bei den anderen ist, weiß ich nicht, aber ich war noch nie dort.
Polen sagt mir nichts.
ERIKA Ich brauche einen Arzt.
JASMIN Sie werden sich ein bißchen gedulden müssen.
HERMANN Habe ich ihr schon gesagt, aber sie hört nicht.
JASMIN Dies ist eine private Gesellschaft. Sie bringen uns alle in eine ziemlich unangenehme Lage.

...

DIE DICKE *kommt zurück.* Ist das recht, Hermann.
HERMANN Was ist recht, Hermann.

Die Dicke Die Geigenmusik.
Hermann Was soll daran recht sein. Wahnsinnig macht mich das. Klingt wie in einer Sägerei. Da fürchten sich sogar die Bäume. Aber zu dir paßt das.
Die Dicke Was habe ich dir eigentlich getan.
Hermann Du gefällst mir nicht. Ich mag dein Gesicht nicht. Und wie du sprichst. Du bist ein kleines Licht.
Die Dicke Du hast mich nicht zu duzen.
Hermann So weit kommt es noch, daß ich eine Schrumpfgurke wie dich sieze.
Die Dicke Ich habe Mitleid mit dir.
Hermann Steig aus, wenn es dir nicht paßt.
Die Dicke Ich habe für die Fahrt bezahlt, wie alle anderen auch.
Hermann Ich habe für die Fahrt bezahlt, wie alle anderen auch.
Wenn du dir zuhören könntest.

...

Erika Es war keine Absicht. Habe ich schon erklärt. Warum sollte ich absichtlich in den falschen Bus steigen. Geht doch überhaupt nicht. Absichtlich in den falschen Bus steigen. Ich habe die letzte Nacht gearbeitet. Bis um vier Uhr früh. Gläser abgeräumt, Tische geputzt, Aschenbecher geleert. Von etwas muß ich leben. Den Koffer hatte ich dabei. Und dann bin ich gleich zum Busbahnhof. Einer dort hat mich seltsam angesehen und etwas hinterhergerufen, ich habe nicht hingehört und bin in den Bus gestiegen. Da war sonst keiner. Da saß keiner hinterm Steuerrad. Ich habe mich hingesetzt, in die letzte Reihe. Macht doch jeder so. Der Fahrer wird kommen und die Fahrkarten kontrollieren. Kam aber keiner. Und so bin ich eingeschlafen.
Hermann Wer hat schuld, bitte.
Erika Jetzt wäre ich schon in Tschenstochau.
Hermann Was steht auf meinem Bus.
Erika Es war zu dunkel.

HERMANN Steht Hermann auf irgendeinem Linienbus. Ist Hermann ein Ort, oder gibt es ein Ausflugsziel, das Hermann heißt.
ERIKA Ich wollte mit dem Pilgerbus nach Tschenstochau.
DIE DICKE Warum mit dem Pilgerbus.
ERIKA Weil ich eine Pilgerin bin.
DIE DICKE Eine Pilgerin.
  Christin.
ERIKA Ja.
DIE DICKE Hast du das gewußt, Hermann.
HERMANN Das ist ein Trick. Um unsere Herzen zu erweichen. Um uns auszunutzen. Damit wir sie nicht in den Wald werfen und hinter eine Tanne setzen.
DIE DICKE Aber. Das ist. Das ist doch schön, eine Christin hier zu haben. Bei uns. In unserer Mitte. Das ist schön, Hermann, du Klotz, verstehst du, schön. Das wollen wir. Und noch so jung. Das ist ein Zeichen, für uns. Wollen wir dann zusammen beten.
ERIKA Gerne. Aber in der nächsten Ortschaft steige ich aus.
HERMANN Gute Idee. Es kommt bloß keine Ortschaft mehr.

…

HERMANN Da kommt noch eine ganze Weile Wald, viele Bäume, und dann kommt die Seilbahnstation. Und Antons Tankstelle.
ERIKA Und danach.
HERMANN Danach kommt das Kurhotel.
JASMIN Wir lassen sie an der Seilbahnstation. Morgen früh fährt bestimmt ein Bus.
HERMANN Verzeihung, aber morgen früh fährt bestimmt kein Bus. Schau dir einmal den Wochentag an. Nun. Sonntags fährt der Bus erst mittags.
  Wir lassen sie besser hier.
ERIKA Mitten im Wald.
HERMANN Es ist schön hier.
  Er summt den Geigen hinterher.

Ein kleiner Trick. Gib den Bäumen Namen, so kannst du mit ihnen sprechen. Das geht mit allen Dingen. Dann ist Schluß mit der Angst. Mein Bus heißt Hermann, wie ich. Ich habe keine Angst vor ihm.

...

DIE DICKE Das will ich nicht. Es wäre schade um die Gesellschaft. So ein liebes, zartes Christenkind wird Herrn Kramer trösten. *Zu Erika:* Wir haben einen sehr kranken Menschen bei uns. Haben Sie nichts bemerkt. Er ist uns auf der Reise beinahe weggestorben, weil ... dieser Fahrer fährt ja wie der Teufel.
HERMANN Wie wer, wie wer fährt der Hermann.
DIE DICKE Wie der Teufel eben.
Herr Kramer hat eine schlechte Leber, die ihn von innen her vergiftet. Wenn der Bus zu schnell in eine Kurve fährt oder wenn er abrupt bremst, drückt es diese wunde Leber zur Seite oder nach vorne, und dann schreit Herr Kramer ganz fürchterlich, und er hat oft geschrieen. Haben Sie es nicht gehört. Unmöglich, daß Sie es nicht gehört haben. Es ist kein gewöhnlicher Schrei, kein Schreckensschrei, auch kein Schrei, wie wenn man sich an einer Pfanne die Hände verbrennt, ein tiefer Schrei ist es, man glaubt, die Leber selbst würde schreien.
ERIKA Das tut mir leid.
DIE DICKE Ich bin schon ganz verrückt deswegen. Sehen Sie, wie alt ich bin. Wie alt würden Sie mich schätzen. Ich will Sie nicht in Verlegenheit bringen. Aber ich bin zehn Jahre jünger.

...

DIE DICKE Es ist kein Zufall, daß du in unseren Bus gestiegen bist.
ERIKA Nicht.
DIE DICKE Das ist Fügung.
ERIKA Sie glauben an Gott.

DIE DICKE Diese Rüpel wissen nicht, was Spiritualität bedeutet, zu ihren Herzen haben sie keinen Zugang, Barrikaden haben sie aufgetürmt vor ihren weichen Teilen. Und zupfst du ihre Seelensaiten, klingt es bloß plopp plopp plopp, so ohne Klang sind diese Saiten. Ich habe es mit ihnen versucht, sie sind verdorben. Einen krummen Ast kann man nicht geradebiegen. Ich bin auf deiner Seite, Kind. Der Herr im Himmel schaut zu seinen Schäfchen, keines läßt Er alleine grasen.

ERIKA Warum bin ich nur in diesen Bus gestiegen.

DIE DICKE Hörst du nicht. Es ist Fügung.

ERIKA Ich habe einen Auftrag. In Tschenstochau zu sein, pünktlich, am Tag der heiligen Sophie. Und dieser Tag ist morgen. Oder ist er schon angebrochen. Wie spät ist es.

DIE DICKE Einerlei. Jetzt bist du hier, bei mir. Geh, wohin dein Herr dich trägt, so heißt es doch. Du solltest lernen, dich nicht zu verkanten, dich nicht gegen den Willen des Herrn zu sträuben.

ERIKA Es ist der Wille des Herrn, daß ich nach Tschenstochau fahre.

DIE DICKE Und warum bist du hier und nicht dort.

ERIKA Weil ich in den falschen Bus gestiegen bin.

DIE DICKE Du bist störrisch. Du mußt nicht nach Tschenstochau, zu mir führt dich der Herr, zu mir.

ERIKA Was soll ich hier.

DIE DICKE Du darfst Herrn Kramer die Offenbarung lesen. Was schaust du so. Du kennst doch wohl die Offenbarung.

ERIKA Natürlich.

DIE DICKE Schön, das ist doch schön. Ein solches Leiden hast du noch nicht gesehen. Herrn Kramers Leiden ist rein, ganz rein. Als habe er seinen Mund voller Eiterzähne, so hat er es beschrieben. Die Schmerzen finden keinen Schlaf, oft liegt er wach, tagelang, bis er schließlich in Ohnmacht fällt. Aber ich weiß nicht, ob die Ohnmacht als Schlaf angerechnet wird.

ERIKA Angerechnet. Von wem.

Die Dicke Vom Körper angerechnet.
Erika Vielleicht erholt er sich dabei.
Die Dicke Nein, nein, er erholt sich nicht dabei. Er sehnt sich schon kurz nach dem Erwachen zurück in den Schlaf. Dann zittert er und klammert sich an mir fest. Gräbt seine Nägel in meinen Arm, bis blutige Halbmonde bleiben. Hier, schau nur.
Erika Er kann nicht immer Schmerzen haben.
Die Dicke Natürlich, immer, und das ist gut so. Ohne Schmerzen befällt ihn eine fürchterliche Angst, er weint und flennt dann, wie ein kleines Kind. Das ist nicht schön anzusehen, das kannst du mir glauben. Mit den Schmerzen geht es ihm besser.
Erika Warum weint er.
Die Dicke Er will nicht sterben, dieser liebe Mensch. Er glaubt, daß er eines schönen Tages wieder gesund sein wird. Er hat ein kindliches Gemüt.
Erika Sehen Sie, meine Hand, sie wird ganz.
Die Dicke Du kommst mit ins Kurhotel. Sie haben sehr hübsche Zimmer, einfach, weiß gefliest, ohne Luxus, außer einem Ausguß und kaltem Wasser. Wir legen Herrn Kramer aufs Bett und geben acht, daß er sich nicht wieder krümmt wie ein Feuereisen. Er hat die schlechte Angewohnheit, sich unter den Schmerzen in eine kindliche Stellung zu krümmen, aber das darf er nicht. Er muß auf dem Rücken liegen, alles andere ist ohne Würde. Ja. Du sitzt dann an der Wand und liest die Offenbarung, einen Vers nach dem anderen, und ich wache an seinem Lager. Das wird schön. Das wird ihn trösten.
Erika Ich lese Herrn Kramer gerne die Bibel, wenn es ihn tröstet.
Die Dicke Du Engelskind, du liebes.
Erika Aber ins Kurhotel kann ich nicht kommen.
Die Dicke Doch, doch, du kommst mit.
Erika Ich lese ihm gleich jetzt das Evangelium, jetzt gleich.
Die Dicke Nicht das Evangelium, das paßt nicht, die Offen-

barung soll es sein, von den Drachen will er hören und den Schalen des Zorns, die ausgegossen werden, und vom großen Tier mit den sieben Köpfen, das ist ein gewaltiger, großer, schrecklicher Text.

Erika Kranke brauchen Trost, und das Evangelium ist voller Trost.

Die Dicke Du willst mich nicht lehren, was mein Herr Kramer braucht, oder.

Erika Er braucht die Gewißheit der göttlichen Gnade, die Botschaft der Liebe, nicht den Zorn, nicht die Furcht.

…

Die Dicke Still. Hörst du das.

Erika Was ist.

Die Dicke Still. Du hörst es nur, wenn du still bist. Dieses sehr, sehr leise Schnaufen, noch kaum hörbar, aber so beginnt der Schrei. Ein einzigartiges Geräusch. Luft, die ohne Druck aus den Lungen strömt, ganz kraftlos. Noch ein Momentchen, dann schreit er.

Erika Ich lese die Offenbarung. Wenn Sie mit Hermann sprechen.

Er muß mich in die nächste Stadt fahren. Ich muß hier weg. Er muß. Sagen Sie ihm das.

Die Dicke Versuchst du gerade, mir einen Handel anzubieten. Du willst nicht etwa deine spirituellen Gaben zu Markte tragen.

Erika Wenn ich doch nach Tschenstochau muß. Und zwar auf der Stelle.

Die Dicke Das ist das Letzte. Das Allerletzte.

Sie geht weg.

…

Die Dicke Das will ich nicht in unserem Bus. Das da. Das ist ein verlogenes, verdorbenes Stück. Will ich nicht.

Hermann Hast ja recht. Nicht wahr. Steig du schön wieder ein. Es kommt alles, wie es kommen muß. Und ich schaue,

daß es dazu auch recht kommt. Wir lassen das Vögelchen bei Anton. Bei Anton an der Tankstelle.
DIE DICKE Ich lasse das Stück nicht in die Nähe von Herrn Kramer.
HERMANN Ja. Es sind bloß acht Kilometer.
DIE DICKE Auch keine acht Kilometer. Wer hat für diese Fahrt bezahlt.
HERMANN Dein Ärger ist verständlich. Eine richtige Schweinerei, was hier gespielt wird. Sich reinzuschleichen wie ein Dieb. Und auch noch das Opfer spielen. Wir lassen sie bei Anton.
DIE DICKE Sie kann auch zu Fuß gehen. Ihre Beine sind ja nicht kaputt. Mit der steige ich nicht in einen Bus.
HERMANN *schlägt der Dicken ins Gesicht.* Richtig. Du hast ja recht. Eine kluge, kluge Frau bist du. Und du hast hier nichts zu sagen. Nichts. Ich könnte dir deine Augen aus den Höhlen puhlen und in deine Zunge einen Knoten machen, wenn ich das möchte. Ich bin der Fahrer. Ich bestimme. Das ist das Schöne daran. Einsteigen. Wir lassen sie bei Anton. *Zu Erika:* Du hast Glück. Du kommst zu Anton. Ein schöner Mann. Er schaut nach dir.

…

KARL *tritt aus dem Bus.*
HERMANN Einsteigen. Die Fahrt wird fortgesetzt. Einsteigen. *Er geht ab mit Jasmin und der Dicken.*
ERIKA Karl. Bist du das. Karl.
KARL Kennen wir uns.
ERIKA Aber Karl, ich bins, Erika.
KARL Aha. Und es sollte bei mir klingeln.
ERIKA Das ist nicht dein Ernst.
KARL Nein. Ist es nicht. Guten Abend, Erika. Du hast dich verändert. Groß bist du geworden. Eine richtige Frau. *Er tritt zur Seite und pißt an den Straßenrand.* Seltsam. Man mag in einer vollkommen aussichtslosen Situation sein, aber pissen macht trotzdem Spaß. Die Körperlichkeit ist

gewiß eine leidige Sache, aber sie macht mir unzweifelhaft Freude.

ERIKA Ich bin in einer vollkommen aussichtslosen Situation.

KARL Das will ich doch hoffen, Erika. Zu dieser Finsternis paßt das gut, zu dieser Höhe. Schaurig. Zum Glück können wir zurück in unseren Bus.

Die Hupe geht. Karl packt sich ein.

ERIKA Ich steige nicht wieder in diesen Bus.

KARL Leb wohl, Erika. Magst deiner Mutter etwas von mir bestellen. Sag ihr, daß ich damals. Wie soll ich es nennen. Es war genau besehen.

Er spricht, aber die Hupe geht; man versteht ihn nicht.

ERIKA Das letzte habe ich nicht verstanden.

KARL Macht nichts. Ist nicht wichtig. Gute Nacht.

ERIKA *spricht in den Klang der Hupe; man versteht sie nicht.*

KARL Was sagst du.

ERIKA *spricht in den Klang der Hupe, man versteht sie nicht.*

KARL *schüttelt den Kopf.*

ERIKA *schreit:* Hilf mir, Karl, bitte hilf mir!

...

KARL Ich habe dich erkannt, wie Hermann dich an den Haaren aus dem Bus gezerrt hat. Nicht dein Gesicht, das sah ich nicht, aber dich erkennt man ja auch nicht am Gesicht.

ERIKA Wie meinst du das.

KARL Und ich sagte mir: Wenn das die Erika ist, die du kennst, dann sitzt sie bestimmt im falschen Bus.

ERIKA Karl, bitte, sieh, meine Hand.

KARL Und wenn sie im falschen Bus sitzt, dann geht Hermann jetzt mit ihr hinter die nächste Tanne und dreht ihr den Hals um.

ERIKA Hermann hat mir die Hand gebrochen, Karl, gebrochen.

KARL Hilf ihr, habe ich gedacht. Du magst sie doch. Du willst doch nicht, daß dieser Mensch ihr etwas zuleide tut. Schließlich warst du ihr eine Zeitlang wie ein Vater. Wegen

Erika bist du länger bei ihrer Mutter geblieben, als dir lieb war.

ERIKA Das wußte ich nicht.

KARL Ich habe es auch keinem gesagt. Weil ich zu feige bin. Ich bin ganz allgemein sehr feige. Sie sitzt im Charakter, und wenn ich die Feigheit aus mir löse, fällt meine Person zusammen wie ein Kartenhaus. Deine Alte hing mir längst zum Hals raus. Sie war zu alt für mich. Zu Beginn fand ich das reizvoll. Sie ist nicht schlecht gealtert, wirklich nicht.

ERIKA Das möchte ich nicht hören.

KARL Ihr goldenes Alter wäre grau gewesen, wärst du daneben nicht erblüht. Du hast nichts ausgelassen. Einmal warst du so betrunken, das ganze Klo hast du vollgemacht, um drei Uhr früh. Es war dir egal. Ich habe aufgewischt, in derselben Nacht, still und in aller Eile, damit deine Mutter nichts bemerkt. Ich wollte ein Geheimnis mit dir teilen. Dir war es egal. Lustig hast du dich gemacht, weil ich glaubte, du würdest dich vor deiner Mutter schämen. Du dich schämen. Sehr schön.

ERIKA Ich wollte dir nicht weh tun.

KARL Entschuldige dich nicht. Das paßt nicht zu dir. Ich mochte es, wie die väterliche Verantwortung an mir nagte. Das gibt einem Mann ein gutes Gefühl. Ich durfte mit dir streng sein, ohne daß ich fürchten mußte, es würde etwas nützen. Ich machte mir wirklich Sorgen um dich. Sehr schön. Du hattest nicht gerade das, was man einen verantwortungsvollen Umgang mit Rauschmitteln nennt.

ERIKA Das ist lange vorbei.

KARL Hast du nichts dabei. Kramer könnte was gebrauchen. Ich bezahl den Stoff, wenn es daran liegt. Ich kann den Mann nicht mehr hören.

Richtig drall bist du. Gut genährt. Ein bißchen langweilig. Was du so trägst. Sehr langweilig, um ehrlich zu sein. Ich meine, im Vergleich zur Erika, die ich einmal kannte.

ERIKA Ich habe mich verändert.

KARL Ein anderer Mensch.

ERIKA Überhaupt erst ein Mensch. Warum hast du geschwiegen, vorhin.
KARL Ich habe nicht geschwiegen. Ich habe mir innerlich zugeschrien. Raus aus deinem weichen Sitz, stell dich ihm entgegen, Erika braucht wieder einmal deine Hilfe. Habe es mir zugeschrieen, so laut ich konnte. Aber es hat nichts geholfen. Bloß den Aschenbecher habe ich in der Lehne aufgeklappt und wieder zugeklappt und wieder aufgeklappt. Kramers Röcheln gelauscht. Bei jedem Atemzug denkt man: Das ist sein letzter gewesen. Aber es kommt noch einer. Von dem man denkt, es sei der letzte gewesen. Wie der Wasserhahn in der Küche, der tropft und dem man zuhört die halbe Nacht. Ich wußte, er wird dich umbringen. Und ich bin trotzdem nicht ausgestiegen.
ERIKA Schließlich doch.
KARL Weil ich pissen mußte, nicht deinetwegen.

...

KARL Tut die Hand weh.
ERIKA Ein bißchen. Sieht komisch aus, nicht.
KARL Der Schmerz kommt noch. Später.
ERIKA Hilfst du mir.
KARL Ich möchte lieber nicht.
ERIKA Es wäre eine gute Gelegenheit, mutig zu sein.
KARL Du mißverstehst mich. Es ist nicht die Zeit für Fürsorge, oder Nächstenliebe. Das paßt nicht hierhin. Ich bin gerne feige.
Die Hupe geht.
Gute Nacht.
ERIKA Karl.
KARL Warum haust du nicht einfach ab.
ERIKA Das kann ich nicht.
KARL Abhauen geht immer. Glaube mir, ich habe Erfahrung darin.
ERIKA Vor Gott kann ich nicht wegrennen.
KARL Vor Gott.

ERIKA Kann ich nicht wegrennen.
KARL Sag bloß nicht.
ERIKA Sag was nicht.
KARL Du bist nicht etwa.
ERIKA Ja.
KARL Wie nennt man das.
ERIKA Bekehrt. Ich habe Gott gefunden. Oder Gott hat mich gefunden.
KARL Das ist nicht wahr. Haben sie dich erwischt. Unmöglich. Nicht dich, Erika.
Die Hupe geht lange.
ERIKA Ich will es Hermann erklären. Der Herr hat mir aufgetragen, nach Tschenstochau zu gehen, zur Schwarzen Madonna, am Tag der heiligen Sophie.
KARL Und dann.
ERIKA Mehr weiß ich nicht.
KARL Was sollst du dort.
ERIKA Das weiß ich nicht.
KARL Und wie hat er dir das aufgetragen.
ERIKA Ein Engel ist erschienen, er hat es mir laut und deutlich verkündet. Der Herr spricht: Geh nach Tschenstochau, zur Schwarzen Madonna, am Tag der heiligen Sophie, oder es wird ein Unglück geschehen.
KARL Ein Engel.
ERIKA Ein Engel.
KARL Mit Flügeln.
ERIKA Ich schaute nicht hin. Ich fürchtete mich. Seine Stimme war wie.
KARL Laß mich raten. Seine Stimme war wie Donner.
ERIKA Wie ein Flüstern. Ein Flüstern, so fein, es kroch durch alle Ritzen in meiner Haut, unter den Nägeln hindurch, durch die Augen, die Zähne, durch meinen Hintern, die Stimme war in mir, Karl, in mir.
KARL War er wenigstens weiß, dein Engel.
ERIKA Er hatte keine Farbe.
KARL Keine Farbe.

ERIKA Nein, keine Farbe.
KARL Alles hat eine Farbe.
ERIKA Nicht dieser Engel.

…

KARL Sie haben dich erwischt, Erika, sie haben dich übel erwischt.
ERIKA Hilf mir. Ich möchte es dem Fahrer erklären.
KARL Was. Ein Engel ohne Farbe sei erschienen und habe dir eingeflüstert, am Tag der heiligen Sophie nach Tschenstochau zu fahren, doch leider seist du in den falschen Bus gestiegen, weswegen wir jetzt Gott gegen uns hätten. Ist das ungefähr, was du Hermann beibringen willst.
ERIKA Er glaubt, ich wolle in Polen Drogen kaufen.
KARL Ein kluger Junge, unser Hermann.
ERIKA Du schweigst besser. Von früher, meine ich.
KARL Was kriege ich dafür.
ERIKA Tus für dich.
KARL Er dreht dir den Hals um, Erika.
ERIKA Er wird mich verstehen. An dieser Tankstelle bleibe ich weiß Gott wie lange sitzen.
KARL Liebe Erika. Hermann ist ein schlechter Mensch. Außer, er sitzt hinterm Steuer, da wird er zum Lamm, zahm und nachsichtig. Ein hervorragender Fahrer, in seinem Bus bist du besser aufgehoben als in Mutters Schoß. Aber wenn er aussteigt. Ein schlechter Mensch. Von Grund auf.
ERIKA Kein Mensch ist von Grund auf schlecht.
KARL *greift nach seiner Börse:* Hier, nimm das. Und jetzt verschwinde.
ERIKA *rührt sich nicht.*
KARL Hau ab.
  Weg. Sage ich.
  Er greift nach einem Kiesel, wirft, und trifft nicht.
ERIKA Ich will mit Hermann reden. Geh und sag ihm das.
KARL *bückt sich nach einem größeren Stein.*
  Er wirft, und trifft nicht.

ERIKA Laß das doch, Karl. Das bringt nichts.
KARL *greift sich eine Handvoll Kiesel, und wirft, und trifft nicht, und wirft, und trifft nicht, und wirft, und trifft nicht.*
ERIKA Geh jetzt.
KARL Er wird dir den Hals brechen, so wie er dir die Hand gebrochen hat. Aber ich will ihn holen, und dann schaue ich mir an, wie er dir den Hals bricht.
Ab.

...

HERMANN *erscheint, er hat Karl am Kragen gepackt:* Was haben wir hier. Hier haben wir einen Unterhändler. Wozu brauchen wir einen Unterhändler. Ist der Krieg ausgebrochen. Oder ist das hier. Wie nennt man das. Eine Intrige. Ist das hier eine Intrige. Warum kommst du nicht gleich zu mir. Wozu brauchst du den. Wer ist das. Kenne ich den. Spielt diese Witzfigur, dieser Hampelmann, dieses Wurstgesicht, spielt er irgendeine Rolle.
KARL Ich kenne sie. Sie heißt Erika.
HERMANN Ich kenne Erika auch. Sehr gut sogar. Ich weiß, wer das ist. Ein frommes Mädchen, und sie muß dringend nach Tschenstochau, weil sonst ein Unglück über die Welt kommt. So. Das klappt aber nicht. Aus verschiedenen Gründen. Sie ist zwar fromm, aber ein bißchen blöd im Hirn. Also. Ich kenne Erika auch. Was spielst du dich also auf.
ERIKA Lassen Sie ihn los. Ich habe Karl gebeten, mit Ihnen zu reden.
HERMANN Mit Ihnen. Warum mit Ihnen. Habe ich ein Gesicht wie ein Vorgesetzter. Keiner sagt Sie zu mir. Wer in meinen Bus steigt, für den bin ich der Hermann. Was steht auf meinem Bus. Was steht auf meinem Bus.
ERIKA Hermann.
HERMANN Hermann. Ich bin der Hermann. Und du.
ERIKA Ich heiße Erika.
HERMANN Freut mich. Guten Abend, Erika. Ich bin Hermann, der Fahrer. Und das ist mein Bus. Wenn du ein Pro-

blem hast, dann komm zu mir. Du brauchst diese Person nicht. Wir brauchen keinen Unterhändler. Weg mit dir. Weg.

KARL *ab in den Bus.*

HERMANN Wir reden direkt zusammen. Von Mensch zu Mensch. In Ordnung.

ERIKA In Ordnung.

HERMANN Auf gleicher Augenhöhe. Einverstanden.

ERIKA Einverstanden.

HERMANN Ich tu nämlich keinem etwas. Also. Um was geht es. Raus mit der Sprache. Ich beiße nicht.

ERIKA Ich kann nicht in Ihren Bus zurück.

HERMANN Aha. Eine Neuigkeit. Vor fünf Minuten wolltest du unbedingt in diesen Bus. Oder irre ich mich.

ERIKA An dieser Tankstelle werde ich sitzen bleiben.

HERMANN Das macht gar nichts. Anton ist ein wunderbarer Mann. Bist du verheiratet.

ERIKA Nein, nein, ich.

HERMANN Verlobt auch nicht.

ERIKA *schüttelt den Kopf.*

HERMANN Anton ist ein feiner Mensch, ein richtiger Herr, ein großer Trinker übrigens. Du wirst sehen. Es ist deine Privatsache, aber das könnte etwas werden. Du trinkst doch auch gern ein Schlückchen. Und in Gesellschaft ist das bestimmt angenehmer.

ERIKA Ich bitte Sie. Ich muß nach Tschenstochau.

HERMANN Genau. Aber warum.

ERIKA Ich werde erwartet.

HERMANN Aha. Von wem.

ERIKA Vom Herrn, unserem Gott.

HERMANN Und deswegen bist du aufgeregt.

ERIKA Ich muß da hin. Ich muß.

HERMANN Wann genau.

ERIKA Am Tag der heiligen Sophie soll ich vor dem Kloster Jasna Gora sein.

HERMANN Und was, wenn nicht.

Erika Wird ein Unglück geschehen.
Hermann Ein Unglück. Das hast du nicht verdient.
Erika Drehen Sie um. Bringen Sie mich bitte in die nächste Stadt.
Hermann Gerne, wirklich gerne. Bloß habe ich ein Problem, Erika, versteh mich. Ich bin auch ein Gläubiger, wenn du so willst. Ich glaube an das hier. An meinen Bauch, an die Eingeweide. Und meine Eingeweide sagen mir, daß du eine schlechte Person bist. Du bringst Unglück. Nimmst Drogen, stellst dich an die Straße, du erscheinst redlich und tüchtig, und in Wirklichkeit bist du verdorben. Ich habe Erfahrung damit. Persönlich habe ich mit dir kein Problem. Hast dich zwar in meinen Bus geschlichen, aber ich bin nicht nachtragend. Leider aber lügst du. Das sind meine Tatsachen.
Erika Ich lüge nicht.
Hermann Ganz krankhaft lügst du. Du merkst es selbst nicht, glaubst, deine Lügen seien die Wahrheit, und deshalb bist du eigentlich unschuldig.

…

Hermann Nehmen wir die Sache mit den Drogen. Du behauptest, du würdest keine Drogen nehmen.
Erika Ich nehme auch keine.
Hermann Ich habe dich gesehen. Vom Busport hat man eine unverstellte Sicht auf den Bahnhofsplatz. Und da habe ich dich oft gesehen. Stimmts.
Erika Schon möglich.
Hermann Ja oder nein.
Erika Manchmal spreche ich dort die Leute an.
Hermann Für Geld, nicht. Oder hurst du.
Erika Ich will den Unglücklichen das Evangelium bringen. Damit sie wieder lachen können.
Hermann Du nimmst also keine Drogen.
Erika Nein.
Hermann Und hast auch nie welche genommen.

ERIKA Hören Sie.
HERMANN Und hast auch nie welche genommen.
ERIKA Das geht Sie nichts an.
HERMANN Da haben wir es. Lüge, Lüge, Lüge. Du erträgst die Wahrheit nicht.

...

KRAMER *schreit aus dem Bus:* HERMANN. HERMANN. EIN GLÜHENDER DRAHT SCHNEIDET MEIN HIRN IN FINGERDICKE SCHEIBEN. MEINE FÜSSE STEHEN IN SÄURE, ICH KANN MEINE KNOCHEN EINZELN FÜHLEN. DAS IST NICHT SCHÖN. DAS IST NICHT SCHÖN. JEMAND ZIEHT MIR MEINE LEBER DURCH DIE ZÄHNE. MEIN FAHRER. WIE BIST DU MIR LIEB, MEIN FAHRER. WIE ZÄHLE ICH AUF DICH. MIT JEDEM SCHLAG SCHREIT MEIN HERZ NACH DIR. ICH VERZEHRE MICH NACH DIR. WANN, MEIN FAHRER, GEHT DIE REISE WEITER.
HERMANN IN DIESEM AUGENBLICK, HERR KRAMER, IN DIESEM AUGENBLICK.
KRAMER DAS IST SCHÖN, SCHÖN.
HERMANN Herr Kramer hatte das Herrenkonfektionsgeschäft in der Innenstadt, immer elegant, der Mann, gestärktes Hemd, Lammlederschuhe, feine Hose, rasiert. War in seiner Jugend Landesmeister im Schwimmen. So beieinander war der Kramer. Und jetzt. Jetzt schwitzt er seine eigene Pisse, weil die Organe zerfressen sind. Hoffnungslos, Erika, hoffnungslos.
ERIKA Hoffnung gibt es immer.
HERMANN Aha. Und wie.
ERIKA Durch die Botschaft der Liebe.
HERMANN Botschaft der Liebe. Kenne ich das.
ERIKA Wir sollten Herrn Kramer beneiden. Der Herr prüft ihn. Er stellt ihn auf die Probe. Wird er Christus in sein Herz lassen, so wird er jubilieren.
HERMANN Jubilieren.

ERIKA Dann wird tausendmal ein ganzes Meer aus Blut durch seinen Kopf fluten und jede Kloake der Niedrigkeit wird weggeschwemmt werden, und er wird jubilieren, jubilieren wie die Lerche im Frühling.

HERMANN Und das funktioniert.

ERIKA Der Mensch ist ein trockener Schwamm.

HERMANN Ja oder nein.

ERIKA Es funktioniert.

HERMANN Und wenn ich das auch möchte.

ERIKA Wie.

HERMANN Wenn ich auch jubilieren möchte wie die Lerche im Frühling.

ERIKA Öffne dein Herz für Gott, so ist dir alles möglich.

HERMANN Und dann ist Schluß mit dem Jammertal.

ERIKA Ganz gewiß.

HERMANN *schreit:* Jasmin. Jasmin. Steig bitte kurz aus. *Zu Erika:* Ich gebe dir zehn Minuten. Wenn du Herrn Kramer zum Jubilieren bringst, fahre ich dich nach Tschenstochau. Auf der Stelle. Wenn nicht, mache ich dir ein Loch.

ERIKA Herr Kramer soll auf die Knie sinken, seinen Kopf senken und bekennen, daß er ein Sünder ist. Sein Herz wird zur Wohnstatt des Herrn, und er wird jubilieren.

JASMIN *tritt auf.*

HERMANN Das Mädchen kennt einen Trick, mit dem sie Herrn Kramer zum Jubilieren bringt. Und uns alle auch.

JASMIN Ich will nicht jubilieren.

HERMANN Jasmin, ein offenes Wort. Wir leiden doch. Wir sind arme Schweine, das ist offensichtlich. Schau uns an. Wie wir hier stehen. Du. Und ich. Es geht uns nicht gut, Jasmin, das mußt du zugeben. Wann hast du zum letzten Mal gelacht.

JASMIN Gerade eben habe ich gelacht.

HERMANN Ja, wie ich die Koffer verstaut habe und mir der Finger dazwischengeriet. Aus Schadenfreude hast du gelacht. Ich habe gesehen, wie schwer sich dein Gesicht mit dem Lachen tat. Deine Muskeln sind aus der Übung, Jasmin, und deine Augen sind grau. Mach mir nichts vor.

JASMIN Hermann.

HERMANN Mach mir nichts vor, Jasmin. *Zu Erika:* Schieß los. Sag deinen Trick.

ERIKA Es gibt keinen Trick.

HERMANN Du machst mich verrückt.

ERIKA Es ist kein Trick. Ihr müßt Jesus Christus in euer Herz lassen.

HERMANN Klingt nicht besonders schwierig, oder.

JASMIN Hermann. Das ist doch Unsinn. Es funktioniert nicht.

HERMANN Und warum behauptet sie es. Hat sie doch nichts davon. Sie muß es schließlich gleich beweisen. Funktioniert der Trick nicht, ist sie tot.

JASMIN Sie haben ihr das Hirn gewaschen. Diese Sekten nehmen dir dein Hirn aus dem Kopf und setzen dafür ein anderes hinein.

HERMANN Das kann die Medizin heute. Wußte ich nicht.

JASMIN Sie brauchen nicht zu schneiden. Worte reichen ihnen. Sie ist nicht sie selbst.

ERIKA Was seht ihr den Splitter im Auge eures Nächsten, aber den Balken in eurem Auge seht ihr nicht.

HERMANN Was war das. Sag das noch einmal.

JASMIN Phrasen, angelernte Phrasen.

HERMANN Sei still. Ich will das noch einmal hören.

JASMIN Das bringt doch nichts.

HERMANN Ruhe, bitte.

JASMIN Hermann. Laß uns endlich weiterfahren.

HERMANN Wenn du nicht auf der Stelle deine verfickte Drecksfresse hältst, stopfe ich sie dir mit dieser Tanne, Jasmin. Haben wir das. Gut. Jetzt du. Sag das noch einmal.

ERIKA Was seht ihr den Splitter im Auge eures Nächsten, aber den Balken in eurem Auge seht ihr nicht.

HERMANN Soll das ein Witz sein. Klingt irgendwie wie ein moderner Witz.

ERIKA Es ist kein Witz. Ein Bild eher. Und die Wahrheit.

HERMANN Gefällt mir. Ich mag diese modernen Witze. Ohne Pointe. Kennst du noch mehr davon.

ERIKA Eine ganze Menge.
HERMANN Ich habe einen Sinn für so etwas, aber ob Herr Kramer deine Witze versteht, weiß ich nicht. Ist was.
ERIKA Meine Hand schmerzt.
HERMANN Gott prüft dich.

...

HERMANN Erzähl noch einen.
ERIKA Das Haus meines Vaters hat viele Zimmer.
HERMANN Und. Wie weiter.
ERIKA Nichts weiter.
HERMANN Das Haus meines Vaters.
ERIKA Hat viele Zimmer.
HERMANN Überhaupt nicht lustig. Der nächste.
ERIKA Ich. Ich kann nicht. Meine Hand. Jetzt. Jetzt beginnen die Schmerzen.
HERMANN Egal. Laß noch einen Witz hören.
ERIKA Nein. Ja. Und der Herr sprach zu Abraham: Geh auf den Berg und bringe mir deinen Sohn Isaak zum Opfer dar. Und Abraham sprach.
Sie fällt zu Boden, ohnmächtig, und rührt sich nicht.
HERMANN Was ist das jetzt. Gehört das jetzt dazu. Zum Witz.
KARL *erscheint.*
DIE DICKE *erscheint. Sie umringen Erika, doch keiner regt sich.*
So wird es dunkel.

ZWEITENS

In derselben Nacht. Im selben Wald. In denselben Bergen. An einer Tankstelle, und es ist keine der großen Ölgesellschaften. Ein Schild besagt: Hier wird ausschließlich Rapsdiesel getankt. Ein anderes: Leider geschlossen. An der Außenwand hängt eine Satellitenschüssel. Unordnung herrscht, und Hermanns Bus steht in der einzigen Bucht. Anton, der Tankwart, steht da, im Blaumann, ziemlich betrunken, schwankt von links nach rechts und hält sich an der Zapfsäule fest. Hermann und Karl stehen neben ihm.

ANTON Was soll das für eine Frau sein.
KARL Sie ist in den falschen Bus gestiegen.
ANTON Und ich soll das jetzt ausfressen, oder wie.
KARL Sie braucht doch nur ein Bett.
ANTON Ich habe kein Bett. Bloß mein eigenes. In das will sie nicht, vermute ich.
HERMANN Mußt sie halt fragen.
ANTON Eine schmale Matratze ist das, das geht kaum, wenn man sich kennt. Ich kenne sie aber nicht.
KARL Ein Sofa haben Sie nicht.
ANTON Habe ich schon. Aber es ist nicht aufgeräumt.
KARL So eng sieht sie das nicht.
ANTON Aber ich. Ist vielleicht nicht in Mode, aber ich habe noch ein Schamgefühl.
HERMANN Steht nicht in der Garage ein Bett.
ANTON Da liegen die Winterpneus.
KARL Kann man doch auf den Boden räumen.
ANTON Bestimmt nicht. Die gehen kaputt auf dem Boden.
KARL Es ist bloß für eine Nacht.
ANTON Was soll ich mit ihr. Was soll ich mit einer Frau. Ich weiß nichts anzufangen mit einer Frau. Hier geschieht ganz unglaublich selten etwas. Eine Frau gibts hier nicht. Ich würde mir Vorwürfe machen, weshalb sie gegangen ist, ich würde es auf mich beziehen.

KARL Sie will nach Tschenstochau.

...

ANTON Bestimmt gefällt sie mir nicht.
KARL Sie muß Ihnen nicht gefallen. Bloß ein Bett will sie.
ANTON Wenn sie mir nicht gefällt, kann ich nicht nett sein. Eine Charakterschwäche, ich weiß, aber ich habe sie nun einmal.
HERMANN Sie ist zwar blöd, aber schlecht sieht sie nicht aus.
ANTON Wie blöd.
HERMANN Sehr blöd. Sie glaubt an Gott.
ANTON An welchen Gott.
HERMANN Keine Ahnung. An Gott eben.
ANTON Und sie sieht gut aus, sagst du.
HERMANN Durchschnitt.
ANTON Ich verliebe mich rasend schnell. Ich verliebe mich in Frauen, die bloß hier tanken. Was meinst du, weshalb ich hierher gezogen bin. Ich bin ein Städter. Ich gehöre überhaupt nicht hierher, in diese Wildnis. Aber ich verliebe mich zu schnell. Und das ging nicht mehr, in der Stadt, mit diesen Meuten von bezaubernden weiblichen Wesen.
HERMANN Dann verliebst du dich eben. Ist doch nichts dabei.
ANTON Und morgen früh geht sie, und ich bleibe hier, und dann muß ich ein halbes Jahr durch die Hölle. Das will ich nicht. Das habe ich hinter mir.

...

ANTON Ich will sie sehen.
KARL Wozu will er sie sehen.
ANTON Ich will sie sehen, sage ich.
KARL Ist doch nicht nötig. Sagen Sie einfach ja.
ANTON Nicht, bevor ich sie gesehen habe.
HERMANN Hol sie. Na los. Wenn er sie sehen will. Ist doch nichts dabei.
KARL *ab.*

...

Anton Ein schöner Bus. Was säuft der. Vierzig, fünfzig Liter.
Hermann Ungefähr.
Anton Nicht gerade sparsam.
Hermann Er hat eine hohe Laufruhe.
Anton Wann kaufst du dir einen neuen.
Hermann Welchen neuen.
Anton Einen neuen Bus.
Hermann Was soll ich mit einem neuen Bus.
Anton Lange kannst du diesen nicht mehr fahren. Der fällt beinahe auseinander.
Hermann Hermann habe ich immer gut gewartet.
Anton Dieser Bus ist eine Dreckschleuder.
Hermann Werd nicht frech.
Anton Ich werd nicht frech, ist eine Tatsache.
Hermann Was kümmert dich das.
Anton Kümmert mich schon, wenn du hier vorbeifährst und dein Qualm meine Tankstelle einnebelt und ich den ganzen Tag keine fünf Meter sehe.
Hermann Jetzt übertreib nicht.
Anton Moderne Busse saufen zehnmal weniger.
Hermann Sauf du lieber zehnmal weniger.
Anton Jetzt wirst du persönlich.
Hermann Das kann dich als Tankwart nicht freuen, wenn die Busse weniger saufen.
Anton Ich denke nicht nur an den Profit.
Hermann Das sieht man allerdings.
Anton Du hast auch noch nie hier getankt. Meine Tankstelle einnebeln, ja, mit deinen Problemen ankommen, ja, aber hier tanken, nein, das dann nicht.
Hermann Mein Fahrgast würde das nicht wollen.
Anton Umweltfreundlicher Rapsdiesel ist ein Verkaufsargument.
Hermann Er riecht. Dein Diesel riecht nach Frittenbude.
Anton Dir fehlt der Überblick. Du siehst die Zusammenhänge nicht, bloß den kurzfristigen Profit.
Hermann Ich würde deinen Diesel tanken. Aber der Fahrgast will das nicht.

Anton Dann brauchst du eben einen anderen Fahrgast.
Hermann Aha. Und den kriege ich auch bei dir.
Anton Wenn du den Leuten erklärst, daß sie mit diesem wunderbaren Kraftstoff unseren Planeten retten könnten, dann hättest du bald andere Kundschaft.
Hermann Welchen Planeten.
Anton Wir befinden uns in der Energiefalle, Hermann, in einer Spirale, die sich dreht, und zwar abwärts, immer abwärts, ein Strudel, wie in der Badewanne, wenn du den Stöpsel ziehst. Aber im Abfluß verschwindet nicht Wasser, sondern wir, die Menschheit.
Hermann Mach mir nicht angst.
Anton Wir leben auf einem sterbenden Planeten. Das ist eine Tatsache. Wenn wir im selben Tempo Erdöl verbrennen wie bisher, werden in fünfzig Jahren die Ozeane um acht Meter steigen. Die Hälfte der Menschheit wird ersaufen und die andere zu mir in die Berge fliehen. Zuvor schmelzen die Polkappen, der Golfstrom wird erkalten, und dann folgt der galaktische Winter. Und der dauert einige Jahrmillionen. Mit deiner Dreckschleuder fahren wir geradewegs in die Katastrophe, ohne zu bremsen in den Strudel.
Hermann Und was ändert daran dein Rapsdiesel.
Anton Er ist die Lösung, Hermann, die Lösung. Rapsmethylester wird in der Atmosphäre zu achtundneunzig Prozent abgebaut, und das innerhalb von einundzwanzig Tagen. Kohlendioxidausstoß: achtzig Prozent geringer als bei gewöhnlichem Diesel. Was sagst du.
Hermann Das wußte ich nicht. Hat mir keiner gesagt.
Anton Ich sags dir jetzt.
Hermann Du solltest das auf ein Schild schreiben und an die Straße stellen.
Anton Das bringt nichts.
Hermann Mach es bekannt, Anton, es ist deine Pflicht. Wenn du die Lösung kennst, mußt du sie den Leuten verraten.
Anton Die Leute wollen nicht gerettet werden. Das ist die andere Tatsache. Ist ja auch vollkommen egal, vollkommen

egal. Wir leben auf einem sterbenden Planeten. So oder so. In drei Milliarden Jahren ist ohnehin Schluß. Die Sonne wird sich bis an den Rand unseres Sonnensystems aufblähen. Wir werden alle verglühen. Mit oder ohne Rapsdiesel.

...

KARL *kommt mit Erika.*
ERIKA Laß mich los, du Tier, ich will hier nicht aussteigen, nein, laß das. Paß auf meine Hand auf.
KARL *schreit:* Sie hat mich gebissen. In den Arm.
ANTON Wie sieht denn die aus. Das will ich nicht. Die will ich nicht an meiner Tankstelle.
ERIKA Ich werde hier nicht aussteigen. Bestimmt nicht.
HERMANN Was steht dort in der Garage neben dem Wagen. Wie nennt man das. Ein Bett. Für dich.
ERIKA Sie haben einen Wagen.
ANTON Kommt drauf an.
ERIKA Ich muß ins Tal. Auf der Stelle.
ANTON Ihnen leihe ich bestimmt keinen Wagen.
ERIKA Sie werden fahren.
ANTON Auf keinen Fall.
ERIKA Ich bezahle Sie.
ANTON Ich bin betrunken. Und ich meine. Betrunken. Nicht beschwipst oder besäuselt. Besoffen. Hat sich so ergeben. Auch wenn man es mir nicht ansieht. Ich kann mich schlecht gehenlassen, ein charakterliches Problem, und ein zu großes Verantwortungsgefühl habe ich ebenfalls.
ERIKA Wir riskieren es. Sie fahren, und ich passe auf.
ANTON Vor morgen mittag setze ich mich hinter kein Steuerrad. Schon wegen den anderen nicht.
ERIKA Es ist kaum Verkehr zu dieser Zeit.
ANTON Aber starker Wildwechsel. Und ich will keine Rehfamilie totfahren.

...

HERMANN Gut, dann wollen wir.
ANTON Wollen wir was.
HERMANN Die Sommerpneus wegräumen.
ANTON Habe ich ja gesagt. Hat mich jemand ja sagen hören. Meine Tankstelle ist kein Ort für eine junge Frau. Schon gar nicht mitten in der Nacht. Nehmt sie mit ins Kurhotel. Die haben einen Arzt dort oben. Sehr beliebt bei den Damen, hört man. Und seine Kuren ebenfalls. Das ist was für die Damen. Nicht meine Tankstelle. Nehmt die Dame mit. Sie ist verwöhnt. Sie braucht ein französisches Frühstück, Obst, weiße Brötchen, ein Buffet, keine Tankstelle.
KARL Koch ihr einen Kaffee, Herrgott.
ANTON Nein.
KARL Sag du etwas, Hermann.
HERMANN Anton, gib dir einen Ruck.
ANTON Es ist einsam hier oben, und ein Mensch kommt auf mancherlei Gedanken. Ich habe Schnaps hier, gefährliches Zeug, giftiges Zeug, heiliges Zeug. Ich trinke gern ein Fläschchen, oder zwei, und dazu sehe ich fern. Ich gehe kaputt dabei. Na und, meine Privatsache. Siehst du diese Schüssel. Das ist meine Abendunterhaltung. So weit kann ein Mensch nicht reisen, wie ich abends reise. Ich sitze gerne draußen. Ich kenne das Wetter, gerade haben wir Westwind. Morgen früh wird der Himmel rot sein, wie Blut, und am Horizont wird ein blauer Streifen Himmel stehen, blaßblau, fast silbern. Man schaut besser nicht hin, wenn das Licht von den Bergen stürzt, und schon gar nicht sollte man nüchtern sein. Ich will sie nicht. Ich hätte zu viele Ideen mit ihr. Gute Nacht.
KARL Das kann nicht sein.
ANTON Was steht auf diesem Schild. Kannst du lesen. Ge. Schlossen. Warum werde ich von irgendwelchen Idioten gestört. In der Nacht.
HERMANN Idioten. Wer ist hier der Idiot. Bist du ein König, oder ein Püppchen, aus Porzellan. Warum so empfindlich. Bestimmt hast du einen Monat nicht gebadet. Bist du Tank-

wart oder was. Geschlossen. Was kümmert mich das. Drecksack. Große Reden halten. Mein Tank ist leer. Auffüllen.
Anton Du willst von meinem Rapsdiesel.
Hermann Ist das eine Tankstelle, oder nicht.
Anton *ab.*

…

Hermann So. Das hast du jetzt davon. Anton will dich nicht. Und weißt du was. Ich verstehe ihn. Du benimmst dich schlecht. Wer etwas will, muß nett sein, ein bißchen. Ich meine, Anton ist eine faule Rübe, aber wir wollen etwas von dieser faulen Rübe.
Erika Ich will nicht hierbleiben.
Hermann Und was bitte willst du.
Erika Weg hier. Ins Tal. Und einen Arzt.
Hermann Im Kurhotel gibt es einen sehr guten Arzt.
Erika Nicht ins Kurhotel. Auf keinen Fall. Dort bleibe ich sitzen.
Hermann Montag abend fahre ich zurück.
Erika Sie könnten die Leute abladen und mich danach ins Tal fahren.
Hermann Die Ruhezeiten müssen eingehalten werden.
Erika Ausnahmslos.
Hermann Ausnahmslos.
Erika Ich bezahle Sie.
Hermann Alles willst du mit Geld regeln, immer mit Geld. Das ist verdorben.
Erika Ich miete Ihren Bus, und Sie stelle ich an als Fahrer.
Hermann Schlag dir das aus dem Kopf.
Erika Sie müssen. Sie müssen. Sie müssen.
Hermann Muß ich nicht. Muß ich nicht. Muß ich nicht.
Erika Wenn ich in den nächsten vierundzwanzig Stunden nicht in Tschenstochau bin, werde ich vernichtet.
Hermann Ein bißchen Verspätung. Ist doch nicht so schlimm.
Erika Der Herr, unser Gott, schickt mir einen Engel, einen

Auftrag, glauben Sie, er wird sagen: Ist nicht so schlimm, Erika, ich sehe das nicht so eng, komm, wenn du Zeit hast.
Hermann Das wäre nett von ihm.
Erika Hirnloser Ignorant.
Hermann Paß auf du.
Erika Hirnloser engstirniger Ignorant.

…

Hermann Das Kurhotel ist eine andere Welt. Hell ist alles und sehr still, man hört seine eigenen Schritte kaum.
 Du wirst keine Schmerzen haben. Versprochen. Sogar Herr Kramer wird erlöst sein, und du und ich, wir werden uns ein bißchen kennenlernen. Unsere Beziehung, weißt du. Ist ein bißchen. Wie heißt das. Verknackst.
Erika Ich bin nicht krank und muß nicht zur Kur.
Hermann Wir sind alle krank. Du ganz besonders.

…

Erika Was ist das für eine Gesellschaft. Was seid ihr für Leute. Ihr habt doch was vor. In was bin ich da geraten. Seid ihr eine dieser Sekten.
Hermann Eine Sekte.
Erika Ihr fahrt überhaupt nicht ins Kurhotel.
Hermann Nicht.
Erika Ihr wollt mit dem Bus in die Schlucht. Stimmts. Das ist die Erlösung, von der Herr Kramer sprach. Und Karl mit seiner hoffnungslosen Situation. Ihr wollt euch umbringen. Und deshalb wolltet ihr mich nicht dabeihaben. Aber jetzt.
Hermann *schreit:* Jasmin. Jasmin. Komm zu mir. Ich bitte dich.
Jasmin *kommt.* Wie lange noch, Hermann.
Hermann Etwas Komisches, das mußt du hören.
 Sie glaubt, wir seien eine Sekte.
Jasmin Eine Sekte. Wer.
Hermann Wir. Du und ich, und der Schweinskopf und Kramer und die Dicke.
 Und daß wir nicht ins Kurhotel fahren.

JASMIN Sondern.
HERMANN Sondern, daß wir mit meinem Hermann in die Schlucht fahren.
JASMIN Wozu das.
HERMANN Um tot zu sein.
JASMIN Sehr komisch.
HERMANN Trotzdem lachst du nicht.
JASMIN Ich lache, ich lache doch.

...

HERMANN Bei der Abzweigung zum Kurhotel gibt es eine schöne Stelle. Habe ich schon oft gedacht. Wenn ich dort einmal ein bißchen zu spät das Steuer einschlage, ha, da schlägt mein Hermann erst diese alte rostige Leitplanke durch und dann segeln wir schön weit den ganzen Abhang weit hinunter, dreihundert Meter freier Fall mindestens hinunter über die Tannen die Wipfel hinweg, an der alten Paßstraße vorbei, schön hinunter bis geradewegs in das Flußbett. Zack.
ERIKA Um Gottes willen.
JASMIN Was hat sie denn. Warum wird sie jetzt so blaß.
HERMANN Stimmt. Richtig käsig.
JASMIN Sie glaubt dir. Sie will nicht sterben.
HERMANN Ich habe es dir gesagt, Jasmin. Jeder Köter hat Angst vorm Krepieren. Christ oder nicht.
ERIKA Ich will mit eurer Sache nichts zu tun haben. Laßt mich gehen.
JASMIN Du steckst mit drin.
ERIKA Meine Zeit ist noch nicht um.
JASMIN Wie kannst du das wissen.
ERIKA Ich fühle es.
JASMIN Sie hat Angst. Tatsächlich. Ich sehs.
HERMANN Jetzt lachst du.
JASMIN Was sie erzählt hat über das Jenseits und die Ewigkeit, die uns erwarte. Wir sind hier nur auf der Durchreise, und wir müssen uns bewähren fürs Himmelreich. Ich habs geglaubt. Einen halben Tag habe ich es geglaubt. Angst vor

dem Tod ist bloß Eitelkeit. Man bereitet sich besser auf die Ewigkeit vor. Es wird Gericht gehalten werden über die Menschen, und nur die Gerechten werden auf dem Schoß des Herrn sitzen. Dieser Unsinn nimmt ihr offensichtlich die Angst vor dem Tod. Glaubte ich. Mir klappern die Zähne beim Gedanken an diese Kiste. Wenn ich mir vorstelle, in einem Sarg zu liegen, in einem Totenhemd: Fürchterlich. Einfach ungepflegt. Dieser ganze Moder. Da strengt man sich ein Leben lang an, nicht aus der Form zu fallen, und dann verflüssigt man sich zu grauem Schleim.

HERMANN Und was geschieht mit den Ungerechten.

ERIKA Sie werden getrennt werden von der Herde, und sie werden ohne Liebe sein und ohne Zuversicht, ohne Hoffnung, bis in alle Ewigkeit, und ihr Leiden wird endlos sein.

HERMANN Zu welchen gehörst du, Jasmin.

JASMIN Zu den Gerechten.

HERMANN Bestimmt nicht. Ich mag dich, aber du bist durchtrieben, hinterhältig, auf den eigenen Vorteil bedacht, eher geizig.

…

KRAMER *schreit aus dem Bus:* HERMANN. MEIN MUND IST GEFÜLLT MIT SALZ. MEINE AUGEN SIND VERDORRT, ICH KANN SEHEN, WIE MEINE HAUT SCHWARZ WIRD. GEBT MIR ZU TRINKEN. TEE WÄRE SCHÖN. GEBT MIR ZU TRINKEN.

…

HERMANN Jetzt geht mir ein Licht auf. Zack. Die Lösung liegt vor der Nase. Es weiß doch keiner, daß du in meinen Bus gestiegen bist, nicht wahr.

ERIKA Ich glaube nicht.

HERMANN Man vermutet dich in Tschenstochau.

ERIKA Ja.

HERMANN Und keiner hat dich gesehen.

ERIKA Ich weiß nicht.

HERMANN Du wurdest uns geschenkt. Eine geschenkte Seele, gewissermaßen. Keiner wird jemals auf die Idee kommen, daß du hier bist. Man wird dich nicht bei uns suchen.

ERIKA Anton weiß es.

HERMANN Richtig. Anton weiß es. Aber Anton ist kein Mensch. Anton ist ein Säufer. Er hat Visionen. Und ein Zeuge ist er schon gar nicht. Du mußt verstehen, daß ich unter diesen Voraussetzungen mit dem Gedanken spiele, dieser Sache ein Ende zu machen und mit dir hinter eine Tanne zu gehen und dich mit einem Stück Wurzelholz. Wie sagt man. Totzuschlagen. Versteht man doch. Jasmin, daß ich mit diesem naheliegenden Gedanken spiele. Das versteht man doch.

JASMIN Doch, das versteht man.

ERIKA Sie machen Scherze.

HERMANN Ich mache sehr gerne Scherze. Ich lache eben gerne.

ERIKA Ihr könnt mich nicht einfach umbringen.

HERMANN Doch. Weil wir keine Strafe zu fürchten brauchen. Wir Menschen sind gut, weil wir die Strafe fürchten. Und jetzt ist keine Strafe in Sicht. Also machen wir dir ein Loch. Das ist doch folgerichtig. Jasmin.

JASMIN Ich kann dir folgen.

HERMANN Kramer zum Beispiel, dieses Wrack, diese stinkende Halbleiche, dem hätte ich längst den Hals umgedreht. Aber wir haben ihn im Altenheim abgeholt, und ungefähr ein halbes Dutzend Schwestern hat mich gesehen. Und der Arzt. Darum kann ich diesen Abfall nicht aus meinem Bus werfen. Aber bei dir ist das anders.

ERIKA Ihr Gewissen wird Sie daran hindern.

HERMANN Das glaube ich nicht.

ERIKA Sie haben ein Gewissen.

HERMANN Dann hole ich jetzt meinen Kälberstrick. Und dann fahren wir weiter den Berg hoch, und dann mache ich dir ein Loch. Ein schönes Loch. Man darf der Natur nicht im Weg stehen.

...

ANTON *tritt auf:* Das waren vierhundertzwanzig Liter. Ich habe mich zu bedanken. Feine Sache. Wenn ich mehr solche Kunden hätte.

HERMANN Mit Leuten wie dir will man nichts zu tun haben. Wie du an dieser Tankstelle sitzt. Wie eine Unke in ihrem Loch. Da traut man sich nicht her. Man fährt vorbei. Und weißt du, warum.

ANTON Sags mir.

HERMANN Man hat ein schlechtes Gewissen, weil man nicht schon früher bei dir getankt hat. Man gibt sich die Schuld für deine miserable Lage.

ANTON An meiner Lage bin nur ich selbst schuld.

HERMANN Jetzt hör doch auf zu jammern. Ein Mann in deinem Alter. Das ist doch peinlich. Mach etwas aus dir. Bring den Laden in Schwung. Deine Garage beispielsweise. Eine Cafeteria wäre doch etwas. Wo man einen ordentlichen Kaffee zu trinken bekommt, ein Stück Kuchen, ein Schinkenbrot. Und vor allem: Wo einen ein hübsches Gesicht anlächelt. Da würde ich anhalten und tanken. Rapsdiesel, Schweinetränke, was auch immer.

ANTON Und woher soll ich ein hübsches Gesicht nehmen.

HERMANN Lächeln, Anton, du mußt lächeln.

ANTON Meine Zähne sind schlecht.

HERMANN Benutze deinen Kopf, da ist ein Hirn drin zum Denken, nicht nur ein Mund zum Saufen. Muß man dir alles vorkauen. *Er bezahlt Anton die Füllung.* Reicht das.

ANTON Für den Diesel ists genug.
Aber.

HERMANN Was.

ANTON Leg noch was drauf.

HERMANN Wieso das.

ANTON Ich bin im Moment etwas klamm. Tu mir den Gefallen.

HERMANN Du bist Dreck, Anton, aus dir wird nichts mehr. Aber ich will dir Geld geben. Gib einen Moment auf die Kleine acht. Ich will nicht, daß sie wegläuft. Aber paß auf. Sie ist bissig.

...

Anton Ganz ruhig. Ihnen geschieht nichts.
Erika Bitte. Sie müssen mir helfen.
Anton Das haben wir besprochen.
Erika Sie wollen mich umbringen.
Anton Wer will Sie umbringen.
Erika Hermann und Jasmin.
Anton Und warum.
Erika Aus Spaß. Er ist böse.
Anton Sie tun ihm Unrecht. Hermann ist ein bißchen ruppig, aber er hat ein gutes Herz.
Erika Niemand weiß, wo ich bin. Es hat mich keiner gesehen. Sie bringen mich um, und keiner wird es je erfahren.
Anton Ich weiß es.
Erika Morgen früh werden Sie sich an nichts erinnern.
Anton Aha.
Erika So sturzbetrunken wie Sie sind.
Anton Verrückte Gans.

...

Hermann kommt mit dem Kälberstrick zurück.
Anton So ein verrücktes Huhn.
 Sie sagt, du willst sie im Wald verscharren. Daß ich mich an nichts erinnern könne, weil ich ein bißchen in den Schnaps gebissen habe. So ein verrücktes Huhn.
Hermann Unter uns Fahrern kennt man sie. Sie steigt heimlich in irgendeinen Bus ein und macht Ärger. Ich will sie binden. Sonst greift sie mir noch ins Steuer. *Er fesselt Erika.*
Erika Nein. Laßt mich. Laßt mich.
Anton Du bist mir die vierhundertzwanzig Liter schuldig.
Hermann Die habe ich dir eben bezahlt.
Anton Ist nicht wahr.
Hermann Das Geld ist in deiner Brusttasche.
Anton Tatsache. Tut mir leid. War keine Absicht. Mein Gedächtnis, ist manchmal, na ja.
Hermann Dann wollen wir.
Anton Und danke, Hermann. Danke schön.

Hermann *zerrt Erika in den Bus.*
Erika *schreit.*
  So wird es dunkel.

DRITTENS

Hoch in den Bergen. Auf einer Ebene. Wacholder wächst, und Ginster. Im Hintergrund, an der Straße, steht Hermanns Bus. Die Scheinwerfer sind aus, nur durch die Fenster fällt Licht auf die Umgebung. Hermann hebt ein Grab aus, während Jasmin auf ihn einredet. Die Dicke steht beim Bus, und auch Karl steht da, und tritt von einem Bein aufs andere.

JASMIN Die Würde, Hermann, was verlangt sie von uns. Zuerst, daß wir zu allem eine gewisse Entfernung einhalten. Treten wir zu nahe, verlieren wir die Würde. Vor allen Dingen gilt das für uns selbst. Um Würde zu besitzen, müssen wir uns von uns selbst entfernen.
HERMANN Von uns selbst entfernen. Aha.
JASMIN Das Selbst versucht, uns in Widersprüche zu verwickeln, sich aufzudrängen, wie ein Mensch, der uns an sich reißt, weil er nicht alleine, für sich, sein kann. Würde jedoch ist Anmut durch Gleichgültigkeit. Der entwürdigte Mensch ist der Mensch, der über sich selbst strauchelt. Er bewegt sich plump. In jeder seiner Bewegungen läßt er sich selbst erkennen, seine Schwäche, seine Unvollkommenheit, nicht die Idee seines idealen Wesens. Der würdige Mensch ist nicht etwa der fehlerlose Mensch, ganz im Gegenteil. Einem Menschen ohne Makel wird man die Würde niemals ansehen. Der Würdige behält zu seinen Fehlern denselben Abstand, wie er ihn zu seinen Stärken bewahrt. Er ist der neutrale Diplomat, der zwischen den Gegnern seiner selbst vermittelt.
HERMANN Graben geht schwer in diesem Boden. *Er gräbt weiter, und hält dann plötzlich inne.* Du hast gesagt, ein Mensch ohne Makel könne niemals würdig erscheinen.
JASMIN Ganz genau.
HERMANN Das verstehe ich nicht.
JASMIN Würde ist eine Eigenschaft der Äußerlichkeit. Sie ist

hörbar, sichtbar, man kann die Würde sogar riechen. Gleichzeitig läßt sie sich nicht absolut bestimmen. Sie ist flüchtig. Die Vorgabe, zum Beispiel, ein Mensch solle nicht hetzen, sondern schreiten, um würdig zu scheinen, ist absurd. Obwohl ein ruhiger Gang durchaus würdevoll sein kann. Aber so, wie der eine Mensch in einem weißen Anzug aussieht wie ein Weiser, wirkt der andere darin als Gauner. Genauso verhält es sich mit der Würde. Ein lustiger Mensch erlangt Würde durch den Ernst, ein ernster Mensch durch den Humor, eine traurige Frau wird Würde erlangen, wenn sie sich fröhlich gibt, und eine Lebensfrohe wird nur durch die Zeichen der Trauer würdig.

HERMANN Dazu muß einer aber zuerst wissen, wie es um ihn bestellt ist.

JASMIN Das ist die Voraussetzung.

HERMANN Glaubst du, sie ist frei.

JASMIN Wer.

HERMANN Das Vögelchen.

JASMIN Wie kommst du darauf.

HERMANN Sie weiß, wo sie hinfährt, wohin sie geht. Sie kennt ihren Platz. Du hast neulich gesagt, Freiheit bedeute, seinen Platz zu kennen.

JASMIN Sie ist ein schwacher Mensch. Sie denkt nicht selbst.

HERMANN Muß man das.

JASMIN Wenn man ein Mensch sein will, ja.

HERMANN Ich bin nicht klug genug, um etwas Eigenes zu denken. Was ich mir so ausdenke, hat ein anderer bestimmt schon gedacht. Und aufgeschrieben.

JASMIN Du stehst vor einer großen Tat, und die größte Tat bezeichnet gleichzeitig die größte Freiheit.

HERMANN Mein Hunger ist mir wichtig. Daß ich Durst habe. Und daß ich es nicht leiden kann, wenn sich einer über Politiker lustig macht. Weil sie zum Beispiel hin und wieder mit dem staatseigenen Hubschrauber ins Wochenende fahren. Na und. Dürfen sie doch. Politiker haben jeden Respekt verdient.

Jasmin Es geht um die Idee. Die Idee, die man von sich selbst hat. Wie man sein könnte. Alles andere zählt nicht.
Hermann Sie hat Angst vor ihrem Gott. Weil er bestimmt hat, sie solle dann und dann dort und dort sein. Sie gehorcht nicht. Jetzt kann sie bloß hoffen, ihr Gott werde. Wie sagt man. Ein Auge zudrücken.
Jasmin Sie will bloß ihre erbärmliche Existenz retten.
Hermann Das hat dieser Wurm auch versucht.

...

Hermann Jetzt einmal etwas ganz anderes. Glaubst du, das Loch ist lang genug.
Jasmin Schwierig zu sagen. Wie groß ist sie. Größer als ich.
Hermann Das ist zu kurz.
Jasmin Machs vor allem tief genug.
Hermann Ich will sie nicht zusammenfalten. Das hat sie nicht verdient.
Leg dich kurz hinein, Jasmin, wenn du so lieb sein willst.
Jasmin Wie. In diese Grube.
Hermann Mir wäre damit sehr geholfen.
Jasmin Das wird schon reichen. Hol endlich das Mädchen
Hermann *tuts.*

...

Die Dicke Es ist möglicherweise kein Zufall. Es könnte ein Zeichen sein. Ich würde mitgehen. Wenn sie es ist. Wenn sie das ist, was sie behauptet, wäre auch ich etwas Besonderes, denn ich reise mit ihr. Ich wäre nicht diese öde verstorbene Person. Dem Reinen würde ich folgen. Dem Unberührten. Wo keiner seine Finger daran hatte.
Jasmin Bestimmt hatte sie schon Männer.
Die Dicke Karl sollte das wissen.
Karl Laßt mich in Frieden.
Jasmin Karl.
Karl Ich weiß es nicht. Nein. Ja. Schon möglich. Was fragt ihr mich.

...

Hermann erscheint mit der gefesselten Erika. Sie hat ihren Schuh verloren.

ERIKA Was glaubt ihr. Glaubt jemand, eure Gewalt beeindrucke mich. Ihr kennt Gottes Allmacht nicht. Halleluja. Er wird in die Reihen seiner Feinde fahren wie der Sturm, der in die Wälder fährt.
JASMIN Bist du eine Heilige. Wurdest du geschickt, um uns zu retten.
ERIKA Ihr seid nicht zu retten.
JASMIN Der Herrgott trägt dir auf, nach Tschenstochau zu fahren. Du machst dich auf den Weg. Kaum aus dem Haus, steigst du in den falschen Bus. Zu uns. Wie geht das zusammen.
ERIKA Wer bist du, daß du nach Gottes Plan fragst.
DIE DICKE Warum sitzt du ausgerechnet in unserem Bus. Wer hat das bestimmt.
ERIKA Es ist ein Fehler. Mein Fehler. Ich war nicht achtsam.
DIE DICKE Er hat dich zu uns geführt. Wir spielen eine wichtige Rolle in seinem Plan.
ERIKA Ihr habt keine Bedeutung.
JASMIN Wir stehen zwischen dir und deinem Gott.
  Willst du zu ihm, mußt du zuerst an uns vorbei.
ERIKA Ich kann euch nicht mehr sehen. Bringt mich endlich um.
DIE DICKE Rette uns.
ERIKA Ihr seid nicht zu retten.
DIE DICKE Wir sind leer. Fülle uns mit deinem Glauben.
ERIKA Niemand kann ein leckes Faß füllen. In euren Herzen klafft ein Loch, alles, was Mensch ist, verrinnt im Boden.
JASMIN Zeige uns ein Wunder, dann werden wir dir glauben.
ERIKA Da hilft kein Wunder. Sie kriechen durchs Leben. Sie haben Kinder, einen Mann hatten Sie auch einmal, bestimmt haben Sie schon einmal jemanden verloren, haben geweint, Sie gehen gerne aus, Sie lieben Ihren Urlaub, schöne Städte, haben eine Neigung für die Kunst, Geigenmusik,

alles schön, alles richtig. Mensch sind Sie deswegen noch lange nicht. Sie schieben Ihr Leben vor sich her wie einen Kartoffelsack.
DIE DICKE Sie ist es nicht. Guten Abend.
Sie geht ab.
ERIKA Du Elende, Schabe, du Eiterbeule, du Pustel, Scheißstück, ihr seid stinkende Esel, fauliger Kohl. Eine Schande, mich für euch zu vergeuden. Ihr seid so wenige, ich könnte Menschenmassen zu Gott führen. Verloren, ihr seid verloren, mit oder ohne mich. Euch will ich nicht retten. Ich muß Menschen retten, Menschen, nicht Scheusale, Männer, Frauen, mit einem Herzen.
JASMIN Sie fürchtet sich. Dabei tritt sie bloß vor ihren Schöpfer.

...

JASMIN Hermann. Du kommst alleine zurecht. Guten Abend.
Sie geht ab zum Bus.
KARL *geht ab zum Bus.*
ERIKA Karl. Wo gehst du hin. Du wolltest mir helfen.
KARL Tut mir leid, Erika. Wir sehen uns.
ERIKA Bleib hier, geh nicht weg. Laß mich nicht alleine mit diesem Ungeheuer.
KARL *geht ab.*
HERMANN Gibts Arbeit, verschwinden die feinen Leute. Und Hermann macht den Rest.
Zu kurz, ich wußte es.
Er sticht den Spaten in die Erde.
ERIKA Was tun Sie da. Was graben Sie.
HERMANN Ich mache dein Grab ein bißchen länger. Sonst mußt du die Beine anziehen. Wie ein Kind in Mutters Bauch. Das will ich nicht. Die Südseevölker machen das, und früher auch die Höhlenbewohner. Wir sind keine Höhlenbewohner. Aber ich habe nur diesen Klappspaten. Mit dem werd ich dich erschlagen. Zack, schön eins überbraten. So.

ERIKA Das tust du nicht.
HERMANN Und ob.
ERIKA Aber warum.
HERMANN Du mit deinem Warum. Darum. Aus Spaß an der Freude.
ERIKA Das macht dir keine Freude.
HERMANN Wir wußten nicht, wie schlecht wir waren, bis wir dich trafen. Jetzt erkennen wir uns, wir kommen uns nun nahe. Ich glaube, der Liebegott hat dich geschickt, damit wir endlich sein dürfen, was wir immer schon waren. Es ist nicht gut, etwas nur zu sein. Man muß auch danach handeln.
ERIKA Du bist nicht schlecht.
HERMANN Ich vielleicht nicht. Aber hast du nicht die Fresse von diesem Karl gesehen, das ist eine Scheißfresse.
ERIKA Karl hat mir nichts getan.
HERMANN Er hat dir nicht geholfen. Und die andere, mit ihren Geigen, die stinkt doch, hast du nichts bemerkt. Sie pestet. So säuerlich. Wen freut das. Stinken ist an und für sich schlecht.
ERIKA Ich will nicht sterben.
HERMANN Und Jasmin. Was ist sie. Kein Mensch, auf jeden Fall. Die macht nichts den ganzen Tag. Hast du selbst gesagt. Arbeitet nicht, sitzt nur rum. Hilft keinem. Liest ihre schlauen Bücher. Die schaut nur für sich. Sie verbraucht nur, frißt und säuft, frißt einem guten Menschen das Essen weg. Das ist schlecht.
ERIKA Was du tust, ist schlecht.
HERMANN Ja, das ist natürlich unschön.
ERIKA Du suchst einen Ausweg. Ich weiß es.
HERMANN Ich suche nicht. Das wäre sinnlos. Es gibt keinen Ausweg aus der Schlechtigkeit.
ERIKA Ich kenne einen.
HERMANN So. Du. Paß auf. Ich habe dir die Hand gebrochen.
ERIKA Ich kenne einen Ausweg.

HERMANN Ich glaubs aber nicht.
ERIKA Du brauchst bloß niederzuknien.
  Oder traust du dich vielleicht nicht.

…

ERIKA *flüstert*: Bloß niederknien.
  Das ist alles.
  Du brauchst dich nicht zu fürchten.
HERMANN Ich fürchte mich nicht.
ERIKA Löse mich, Hermann, und erlöse dich.
HERMANN Wenn du wegrennst, renne ich hinterher.
ERIKA Auf deine Knie.
  So. *Sie kniet nieder.*
HERMANN *kniet nieder:* Ist das alles.
  Kinderspiel.
  Macht mir nichts aus.
ERIKA Lege dein Herz in Gottes Hände. Bitte Jesus Christus um Vergebung für deine Sünden.
HERMANN Welche Sünden.
ERIKA Alle, Hermann, alle deine Sünden.
HERMANN Das sind aber nicht bloß zwei oder drei.
ERIKA Sprich mir einfach nach.
HERMANN Und dann.
ERIKA Sprich mir einfach nach.
  Mein Herr Jesus Christus.
HERMANN Mein Herr Jesus Christus.
ERIKA In deine Hände.
HERMANN In deine Hände.
ERIKA Lege ich mein Leben, meine Zuversicht.
HERMANN Mein Leben, meine Zuversicht.
ERIKA Ich weiß, ich habe gesündigt.
HERMANN Ich weiß, ich habe gesündigt.
ERIKA Und gefehlt, gesündigt und gefehlt.
HERMANN Und gefehlt, gesündigt und gefehlt.
ERIKA Aber ich bitte dich, tritt nun in Hermanns Herz.
HERMANN Herz.

ERIKA In Hermanns Herz, er ist ein Mensch, erfülle es mit Gnade.
HERMANN Gnade.
ERIKA Und mache ihn zu einem Werkzeug deines Glaubens.
HERMANN Werkzeug deines Glaubens.
ERIKA *schweigt nun.*
HERMANN *schweigt ebenfalls.*
ERIKA Amen.
HERMANN Amen.
ERIKA *küßt ihn auf die Stirn.*

...

HERMANN Schön. Wie hell es plötzlich wird. Da, im Himmel, schön, nicht wahr. Schau dir das an. Immer heller wirds. Wie das aussieht. Wundervoll. Kennst du das. Und diese Farben, wie geht das.
KRAMER WAS IST DAS. HERMANN. DIESE SOSSE DA.
HERMANN Ein Licht ist im Himmel, Kramer, wenn Sie das sehen könnten. Wundervoll.
KRAMER DAS IST DER MORGEN. NICHTS ALS DER SONNTAGMORGEN. DU HAST VERSPROCHEN, ICH MÜSSE DEN NEUEN TAG NICHT MEHR SEHEN. HAST DU ES NICHT VERSPROCHEN.
HERMANN *sticht den Spaten frisch in die Erde.* Ich beeile mich. Ich beeile mich. *Er gräbt nun forsch.*
HERMANN Das ist ein harter Boden. Voller Steine. Und diese Wurzeln.
ERIKA Hör auf zu graben.
HERMANN Ich muß graben.
ERIKA Und das Licht.
HERMANN Bloß der Morgen.
ERIKA Wir gehen gemeinsam nach Tschenstochau, du und ich.
HERMANN Dich trifft keine Schuld. Du kommst zu Jesus Christus.

...

HERMANN Diese Wurzeln. Wacholder. Wie das riecht. Richtig gut. Wie nennt man das. Wie Gin. Aber ich komme mit dem Spaten nicht durchs Geflecht.
Jetzt renne einmal zum Bus und bringe den Gertel. Im Radkasten unter meinem Sitz.
Erika bewegt sich nicht.
Das soll doch ein rechtes Grab werden, nicht bloß eine Mulde.
Erika rührt sich nicht.
Da liegt ein Werkzeug, mit einem Ledergriff, die Haue gefettet und geschliffen, kannst dich rasieren mit. Meine Güte, Mädchen, wie du zitterst, renn, so wird dir warm. Und lauf nicht weg. Wenn du nicht wieder hier bist, bis ich zehn Schippen ausgehoben habe, komme ich dich holen. Versprochen. Zehn Schippen.
Erika ab, und Hermann, nicht auf den Gertel wartend, gräbt weiter.
Das muß ein Wacholdergeflecht sein, so zäh geht das, und steinig ist der Boden auch. Keiner wird vermuten, daß hier ein Menschlein begraben liegt. Da hat man seine Ruhe. Hier oben. Und wie schön das ist. Waren das jetzt vier, oder schon fünf. Seis drum.
Er schreit in Richtung Bus: Vier. Ich bin bei vier.
Ich wünsche keinem, in diesem Boden zu liegen. Dieser Wacholder. Wurzeln fein wie Haar, der schleicht und drückt durch alles, da ist man eher durchwachsen, als man von den Würmern gefressen ist. Herrgottsgüte, das geht zäh, wo bleibt das Mädchen. *Er schreit:* Das waren schon zehn. Zehn. Jetzt komme ich dich holen. *Hermann gräbt nun zügiger als zuvor.* Aber wenn ich da, so, vielleicht mit dem Spaten, so und so, ja, so, so geht es, gewußt wie, jetzt geht es leicht. Unter den Steinen ist der Boden sandig, das ist angenehm, da liegt es sich bestimmt nicht schlecht, im lockerem Sand. Gerade wie am Meer.
Und im Sand gibt es keine Würmer, da kann einer schlafen wie an einem Strand, hahaha, hör doch einmal, der Wind im

Wacholder klingt wie eine Brandung. Schließ einmal die Augen. *Er schließt die Augen.* Wie das so rauscht. Der Wind bringt Regen. Am schönsten wärs, wenn das Grab offenbliebe, man könnte liegen und in den Himmel gucken. Schau einmal in die Grube. Nun schau schon. Was sagst du. Tief genug.
Er löst sein hölzernes Ebenbild vom Hals. Er schaut es an, küßt es und wirft sein Ebenbild schließlich ins Grab.
Ruhe in Frieden, Hermann. Du hast gut getan. Der Herr Jesus Christus ist in deinem Herzen.
Dann schaufelt er das Grab zu.
So wird es dunkel.

VIERTENS

In der Dämmerung. An Antons Tankstelle. Erika steht da, Hermanns Gertel in der Hand, finster entschlossen. Sie hat ihren Schuh verloren. In einer Bucht steht ein Fernseher. Anton ist von seinem Campingstuhl aufgestanden. An seinem Daumen hängt ein schmutziger Verband.

ANTON Was willst du hier. Geh weiter. Immer schön die Straße lang. Was ist das für ein Ding in deiner Hand.
ERIKA Das. Das ist ein Gertel.
ANTON Bei mir gibt es nichts zu holen. Das kann ich dir gleich sagen.
ERIKA Ich suche meinen Schuh.
ANTON Habe ich nicht gesehen.
ERIKA Und etwas für meine Hand brauche ich.
ANTON Wo sind die anderen geblieben.
ERIKA Weitergefahren.
ANTON Da stimmt doch etwas nicht. Was hast du mit Hermann gemacht. Und mit den anderen. Du hast sie alle umgebracht. Nicht wahr. Du hast den ganzen Bus erschlagen. Du verrücktes Huhn. Gibs zu, sie sind tot.
ERIKA Geben Sie mir einen Verband und etwas Salbe.
ANTON Das habe ich nicht.
ERIKA Und da. An Ihrer Hand. Was ist das.
ANTON Das. Das war mein einziger und letzter Verband. Der halbe Daumen ist weg. Wie abgebissen. Kann mich nicht erinnern, wie das geschah. Auch nicht wann. Erst kürzlich. Gerade eben. Vor einer Woche. Länger. Letzten Monat. Voriges Jahr. Vor fünf Minuten, so deutlich ist der Schmerz. Hieer ooooben veeergeeeht diiee Zeeeiit gaaanz laaangsaaam. Und. Dann. Man. Weiß. Nicht. Wieso. Rast. Sie. Plötzlich. Wieder. Schwindlig wird einem dabei.
ERIKA Ich will die Binde.
ANTON Ich habe keine Binde.

ERIKA Ihre. Da am Arm. Geben Sie mir diese.
ANTON Die da. Bist du verrückt.
ERIKA Her damit.
ANTON Der halbe Daumen ist weg. Eher dreiviertel.
ERIKA Los jetzt.
ANTON Ich werde verbluten.
ERIKA Die Wunde ist längst verheilt.

...

ANTON Du holst dir eine Krankheit.
ERIKA Was für eine Krankheit.
ANTON Meine Krankheit.
ERIKA Sie sind nicht krank.
ANTON Natürlich bin ich krank. Sehr krank sogar. Warum sollte ich sonst in dieser Wildnis sein. Ich bin ein Städter. Ich gehöre überhaupt nicht in diese Gegend. Tankwart. Bin ich nicht. Sieht man doch. Ich bin in Quarantäne, in freiwilliger Quarantäne.
ERIKA Sie sehen gesund aus.
ANTON Findest du. Wirklich. Das ist lieb von dir.
ERIKA Jetzt geben Sie mir endlich diesen verdammten Verband.
ANTON Ist ja gut, ist ja gut. Sollst ihn ja haben. Verblute ich eben. Ist doch egal. *Er wickelt sich den Verband vom Arm und reicht ihn Erika.* Wer vermißt schon einen Tankwart.
ERIKA *hat Mühe, sich einzubinden.*
ANTON Mit den Zähnen packst du das eine Ende. Und leg die Hand aufs Knie. So hast du Widerstand und kannst verknoten.

...

ANTON Das lernt man, wenn man die ganze Zeit mit sich alleine ist. Was ich alles alleine zustande kriege. Kannst du dir nicht vorstellen. Ich massiere mir selbst den Rücken. Ich kann mich selbst erschrecken. So. Plötzlich. Peng. Dann zucke ich zusammen, werde blaß und schimpfe, und

hinterher freue ich mich über meinen kleinen Scherz. Man will schließlich seinen Spaß haben hin und wieder. Zum Geburtstag überrasche ich mich mit einem Kuchen. Und als Dankeschön gebe ich mir einen Kuß. Auf den Mund. Habe ich mir selbst beigebracht.
Mit dem Mund, glaubs mir.
ERIKA Da ist Salbe am Verband.
ANTON Selbst gerührt. Aus Zinkpaste und Kamille. Die schadet nicht, da ist keine Chemie drin, vollkommen unschädlich, da gebe ich mein Wort darauf.
ERIKA Helfen Sie mir.
ANTON Leg erst den Gertel weg.
ERIKA Bestimmt nicht.
ANTON Mir darfst du nichts tun. Ich bin betrunken. Betrunkene fallen in dieselbe Kategorie wie Frauen, Kinder und Alte.
ERIKA Ich tu Ihnen nichts.
ANTON Leg ihn weg.
ERIKA Jetzt hilf mir sofort mit diesem Verband, du versoffener Scheißkerl.
ANTON Ist ja gut. Ist ja gut.

…

ERIKA Ich habe Hermann nicht erschlagen. Und auch sonst keinen.
ANTON Aber nein doch.
ERIKA Wirklich nicht.
ANTON Aber ja doch.
ERIKA Das müssen Sie mir glauben.
ANTON Ich glaube es doch.

…

ANTON Warum bist du in diesen Bus gestiegen.
ERIKA Ein Versehen. Ich will nach Polen.
ANTON Was willst du dort.

ERIKA Familiäre Gründe.
ANTON So.
ERIKA Geht Sie nichts an.
ANTON Natürlich nicht. Ich habe bloß gefragt.
ERIKA Meiner Schwester geht es nicht gut.
ANTON Deine Schwester ist eine Polin.
ERIKA Sie hat einen Polen geheiratet.
ANTON Und was hat deine Schwester.
ERIKA Krebs.
ANTON So. Krebs.
ERIKA Kennen Sie jemanden, der mich ins Tal fahren kann.
ANTON Ich kenne überhaupt niemanden. Also auch niemanden, der dich fahren könnte.

…

ERIKA Dann mache ich mich jetzt auf den Weg. Danke für den Verband.
ANTON Zu Fuß.
ERIKA Ich habe keine Wahl.
ANTON Das sind Stunden bis in die nächste Ortschaft.
ERIKA Besser als warten. Vielleicht habe ich Glück, und jemand nimmt mich mit.
ANTON Iß vorher etwas. Ich habe Käse da.
ERIKA Leben Sie wohl. Und trinken Sie nicht zuviel.
ANTON Werds versuchen.

…

ANTON Ich könnte vielleicht.
ERIKA Ja.
ANTON Ich habe gerade gedacht. Ich könnte vielleicht den Seelbacher fragen.
ERIKA Den Seelbacher.
ANTON Der ist mir noch etwas schuldig. Und er hat einen Wagen. Ich könnte ihn anrufen. Dann bist du in anderthalb Stunden an der Autobahn. Der Seelbacher stinkt allerdings. Stört dich das.

Erika Nein.
Anton Er stinkt bestialisch.
Erika Es ist ja nicht weit.
Anton Zwei Stunden bestimmt.
Erika Das halte ich aus.
Anton Ich könnte auch die Anna fragen, vom Laden. Allerdings erst morgen früh.
Erika Rufen Sie den Mann an. Bitte.
Anton *ab.*

...

Erika *kniet nieder.* Und durch den Schmerz hindurch sehe ich das Antlitz Christi, denn der Schmerz ist es, der uns erhöht. Und dann schüttet er die Gnade aus. Herr, vergib mir meine Schwäche, aber vielleicht schaffe ich es noch. Und wenn ich nicht pünktlich sein sollte, dann warte auf mich. Es war keine Absicht. Es war keine Absicht.

...

Erika Und.
Anton Nun ja.
Erika Kommt er nun.
Anton Das läßt sich nicht in einem Satz zusammenfassen.
Erika Ja oder nein.
Anton Ja doch, er kommt.
Erika Wann.
Anton Er macht sich gleich auf den Weg.
Erika Das ist nicht wahr.
Anton Doch. Natürlich ist das wahr.
Erika Ich danke Ihnen. Ich danke Ihnen.

...

Erika In der Zwischenzeit könnte ich etwas essen.
Anton Mein Gewürzkäse ist absolut unverdaulich. Außer, man trinkt Schnaps dazu.

ERIKA Dann trinke ich eben Schnaps dazu.
ANTON Ist ziemlich stark, das Zeug.
ERIKA Keine Sorge, ich kann einiges vertragen.

...

ERIKA *kaut den Käse.* Ich habe nicht mehr geglaubt, daß es gute Menschen gibt.
ANTON Der Seelbacher ist nicht gut. Das ist ein Schweinehund.
ERIKA Immerhin fährt er mich ins Tal.
ANTON Ich mußte ihn überlisten. Zuerst hat er sich nämlich geweigert. Er war schon im Bett. Hat sogar wieder aufgelegt. Aber ich habe ihn gleich wieder angerufen. Ich habe gesagt: Seelbacher, du bist mir noch etwas schuldig. Aber er, dieser Kerl, er hat das abgestritten. Das sei längst beglichen. Er habe mir schließlich damals mit dem Tank geholfen.
ERIKA *spült mit Schnaps.* Mit welchem Tank.
ANTON Na ja, da war einmal, an einem Sonntag, da kamen ein paar Ausflügler aus der Stadt, in einem großen Wagen. Ein Mann stieg aus, ein Familienvater, verstehst du, mit sicherem Wagen und in kariertem Hemd, die Haare frisch gewaschen, von Beruf so was Rechtes, Tüchtiges, Maschineningenieur oder Tiefbauingenieur oder Brückeningenieur, und die Mama daneben mißmutig, aber hübsch, steigt auch aus, sehr dünn, mit dünnem Hals, und die Kinder, zwei, plötzlich, steigen auch aus, und jetzt kommts. Die sehen aus wie ihr Vater, mit runden Schädeln, in karierten Hemden und mit duftenden Haaren, und in der Hand Spielzeugautos vom selben Modell. Die Bälger sehen aus wie eine Ingenieursarbeit, die ganze Familie sieht aus wie Ingenieursarbeit, und alle steigen aus, krabbeln aus ihrem schönen Wagen und stehen da und glotzen mich an mit ihren Knopfaugen, so. Als hätten sie noch nie einen Tankwart gesehen. Das Beste, was unsere Gesellschaft zu bieten hat, fortpflanzungsfähig, überlebenstüchtig, verachtenswert. Ich schwöre, einfach nur verachtenswürdig. Noch ein bißchen Käse.

ERIKA Ich habe noch. Aber Schnaps ist alle.

ANTON Und dieser Mensch sagt: Volltanken, und sonst sagt er nichts, zu mir, sondern erklärt den Kindern die Gegend, und ich sehe, das Auto, das schöne, sichere, das hat einen Benzinmotor, der stirbt mit meinem Rapsdiesel, verendet. Aber ich. Habe nichts gesagt. Der Kunde ist König, will er volltanken, tanke ich voll. Meine Meinung zählt nicht. Und wie er bezahlen will, freut er sich, daß mein Benzin so billig ist, ein Schnäppchen, sagt er, die Ausfahrt hat sich gelohnt. Ich solle ihm gleich noch den Reservekanister füllen, und das habe ich getan, und da hat er begriffen, aber die Schweinerei war angerichtet und der Familiensonntag in den Binsen. Sie saßen an meiner Tankstelle fest. Sie mußten mich zuerst eine Stunde beknien, bis mir einfiel, wer in der Gegend vielleicht eine Pumpe haben könnte. Ich hatte nämlich die Nacht zuvor eine Flasche Schnaps getrunken. Sie warteten anderthalb Stunden auf den Seelbacher, bis der mit einer Pumpe kam. Pumpe. Das war eine Aquariumhandpumpe, mit einer Förderleistung von einem zehntel Deziliter, höchstens, was für ein Goldfischglas reicht, aber diese Familie mit ihrem Straßenkreuzer eben festhielt an Antons Tankstelle den ganzen lieben Familiensonntag, und alle hatten einen blauen Daumen von dieser Pumpe, außer mir. Ich habe nicht gepumpt.

ERIKA Und was ist jetzt mit Seelbacher.

ANTON Der Seelbacher ist der Ansicht, mit der Pumpe sei die Schuld abgegolten, aber ich habe gesagt: Seelbacher, das hast du nicht für mich getan, sondern für diesen schamponierten Familieningenieur. Mit diesen Leuten habe ich nichts zu tun. Wollte er nicht einsehen. Hier herrscht eine sehr harte Verhandlungsdiplomatie. Jeder kennt seinen gesellschaftlichen Status. Der Seelbacher zum Beispiel steht eine Handbreit über mir. Er ist länger hier, und vor allem hat er achtzehn Rinder. Und achtzehn Rinder sind hier mehr wert als zwei Tanksäulen, das muß ich akzeptieren.

ERIKA Also kommt er nicht.

ANTON Doch, er kommt. Allerdings kommt er freiwillig, nicht weil er muß.

ERIKA Ein guter Mensch.

ANTON Je freiwilliger, um so schlimmer. Der Seelbacher ist kein guter Mensch. Er schlägt die Kühe mit dem Melkschemel. Und ihre Probleme interessieren ihn überhaupt nicht. Aber er hat eine Schwäche für das andere Geschlecht.

ERIKA Sie haben nicht etwa.

ANTON Habe ich was nicht.

ERIKA Dem Seelbacher etwas angeboten.

ANTON Bloß ein bißchen übertrieben habe ich. Ein Mädchen müsse ins Tal, und er: Was für ein Mädchen. Ich: Ein ungefähr einssiebzig Meter großes Mädchen. Und er: Wie alt? Und ich: Jung, Seelbacher, ziemlich jung.

Aber das war noch nicht alles.

ERIKA Was noch.

ANTON Ich habe ein bißchen übertrieben. Habe was herbeigeschwärmt. Wie schön ihre Haare sind, und wie rot und voll der Mund, strahlend die Augen, sanft ihr Gang, und wie etwas aus Ihnen leuchtet, ein Licht irgendwie, ein Glühen, und daß an Ihnen etwas Besonderes ist, und daß ich so eine Frau wie Sie noch nie gesehen hätte, und solchen Kitsch.

ERIKA Sie mögen keinen Kitsch.

ANTON Ganz und gar nicht. Ich bin Realist.

ERIKA Sie sind albern.

ANTON Daß sie schmutzig sind, davon habe ich nichts erzählt. Und auch nichts von ihrer Hand. Mich stört das nämlich nicht. Gerade frisch geduscht bin ich auch nicht.

Aber dann habe ich noch ein bißchen gelogen.

ERIKA Ich bitte Sie.

ANTON Das war notwendig.

Ich habe ihm gesagt, wir wären verwandt, Sie und ich. Sie seien meine Kusine.

Die verwandtschaftlichen Beziehungen spielen hier oben eine gewisse Rolle. Irgendeine Dahergelaufene fährt der

Seelbacher nicht in die Stadt. Schon gar nicht um diese Zeit. Ich stand vor der Wahl, und mußte blitzschnell entscheiden. Familiäre Beziehung oder sexuelle Attraktion. Etwas anderes interessiert die Menschen hier nicht. Entweder ist sie meine Kusine, oder sie hat einen Jahrhundertarsch. Und einen Jahrhundertarsch haben Sie nun wirklich nicht. Verzeihung. Aber Sie haben Niveau, Tiefgang, Persönlichkeit. Ich sehe das, aber dem Seelbacher ist das natürlich egal. Er beurteilt Frauen wie Kühe, nach der Milchleistung.
Erika Um Gottes willen.
Anton Allerdings.
Erika Am besten, Sie begleiten uns.
Anton Darauf wird sich der Seelbacher nicht einlassen.

...

Erika Hats noch Käse.
Anton Der ist alle. Aber Schnaps hats noch.
Erika Kann man ihn ohne Käse trinken, oder ist er unverdaulich.
Anton Ganz im Gegenteil.
Erika Dann hätte ich gerne noch einen Schnaps.

...

Erika Wann kommt er.
Anton Er kommt schon.
Erika Es ist längst Tag.
Anton Sie sind zu ungeduldig. Sie sollten warten lernen. Dazu muß man schweigen. Ich habe einmal drei Monate nicht gesprochen. Die ersten Tage spricht man noch mit sich. In einem ungeheuren Tempo. Als habe man eine zweite Person in seinem Innern.
Wasche die Windschutzscheibe.
Ich bin nicht scharf aufs Trinkgeld.
Siehst du nicht, wie alt der Mann ist. Er kann sie nicht putzen.
Das hier ist eine Tankstelle, falls du es nicht bemerkt hast.
Keine Waschanlage.

Warum so verbiestert, sei großzügig, du wirst sehen, es wird dich erleichtern.
Ich habe meinen Stolz. Ich bin Tankwart. Nicht Scheibenwäscher. Ich stelle ihm einen Kessel Wasser hin und bringe einen Rechen. Das muß reichen.
So geht das hin und her. Eine Woche lang wird es immer schlimmer. Bis sich die Stimmen schließlich anschreien.
Sauf nicht soviel.
Ich sauf soviel wie es mir paßt.
Besauf dich wenigstens in der Kneipe, damit du unter die Leute kommst.
Was soll ich unter den Leuten.
Sieh dich an. Du wirst langsam verrückt. Du sprichst schon mit dir selbst.
Na und. Du sprichst schließlich auch mit dir selbst.
Blöder Starrkopf.
Klugscheißer.
So geht das hin und her, aber schließlich verstummen diese Stimmen. Wie ein altes Ehepaar, dem es leid wird zu streiten. Manchmal gibts noch kleine Gehässigkeiten. Dummkopf, hast schon wieder gekleckert. Zärtlichkeiten auch. Schlaf schön, träum was Süßes. Aber dann. Achtung. Nach ungefähr drei Wochen auf hoher See im Stillen Ozean, dann wird es plötzlich. Still. Und ich meine still. Ich erwache morgens und frage mich nicht, gehst du duschen oder läßt du es bleiben. Zur Abwechslung Kaffee, oder doch lieber gleich einen Schnaps. Keine Gespräche. Ich tus einfach, oder lasse es bleiben. Kein Gedanke vor der Tat. Jedes Geräusch, jeder Gedanke, alles geht durch mich hindurch. Nichts in mir wirft noch ein Echo.

ERIKA Das muß schön sein.
ANTON Bleib hier, dann zeige ich es dir.
ERIKA Das geht nicht.
ANTON Stimmt. Du mußt zu deiner Schwester. Habe ich beinahe vergessen.

...

ERIKA Wir warten schon viel zu lange.
ANTON Er kommt schon.
ERIKA Vielleicht hat er es sich anders überlegt.
ANTON Unmöglich. Der Seelbacher ist zwar ein Schuft, aber er ist ein zuverlässiger Schuft. Er wird kommen.

...

ERIKA Warum sind Sie an diesen Ort gezogen.
ANTON Anderswo bin ich ein Schweinehund. Bloß hier nicht. Ich bin nicht gemacht für die Stadt. Wenn mir in der Straßenbahn ein Mädchen gefällt, dann schaue ich es absichtlich nicht an. Ich schaue weg. Ich denke mir nämlich folgendes. Bestimmt weiß sie, daß sie mir gefällt, und wenn ich hinschaue, hält sie mich für einen Idioten. Einer wie jeder. Ein solches Mädchen gefällt nämlich jedem dritten. Wenn ich also nicht hinschaue, wird ihr das mächtig Eindruck machen. Ein harter Kerl. Was Besonderes. Schaut mich nicht an. Obwohl er für mich sterben würde. Dieses Gesicht muß ich mir merken. Aber sie merkt sich nichts. Und ich steige aus. Und das wars.
Und ich hasse zu sehr. Was ich mir alles vorstelle. Das willst du gar nicht wissen.
ERIKA Stimmt, will ich nicht wissen.

...

ERIKA Im Wald hängen überall gelbe Zettel. Daß die Jagd auf Rehe und Hirsche und Dachse und so weiter ein Verbrechen sei.
ANTON Ein Verbrechen ist sie allerdings.
ERIKA Wüste Drohungen werden ausgestoßen. Die Jäger sollen sich in acht nehmen. Damit sie nicht plötzlich selbst zum Wild werden.
ANTON Das wäre nur gerecht. Die Tiere können sich schließlich nicht wehren.
ERIKA Die Flugblätter sind von Ihnen.
ANTON Kein Kommentar.

ERIKA Sie sind voller Fehler. Gewehr ohne H. Dafür Jäger mit einem.
ANTON Es geht um die Botschaft.
ERIKA Eine orthographisch falsche Botschaft nimmt keiner ernst.
ANTON Siehst du nicht, worum es geht. Es geht um das Gute. Dein Herz ist verstellt. Findest du es etwa in Ordnung, wehrlose Tiere totzuschießen. Du als Christin kannst das unmöglich gutheißen.
ERIKA Woher wissen Sie, daß ich Christin bin.
ANTON Ich weiß es eben.
ERIKA Ich habe eine Liebesgeschichte mit Gott, aber ich will sie nicht, diese Liebesgeschichte. Manchmal sehne ich mich danach, daß mich jemand berührt, daß ich angefaßt werde, von irgendwem, der einfach zupackt, weil er das will. Und ich möchte an die Sterblichkeit glauben. Daß ich verschwinde, daß nichts kommt, daß dieses Fleisch, das hier, einfach zu Staub zerfällt, und mit ihm, was ich bin und was ich sein könnte. Ich würde keine Rolle spielen, es wäre einfach das da, was da ist, und ich wäre, was ich bin, Erika, an einer Tankstelle, in der Nacht, bei Anton. Und das würde reichen, es würde auch mir reichen, und es würde mich nicht kümmern, was kommen könnte, was ich alles sein werde, wie groß, wie erhaben, wie klein, oder wie groß. Aber so ist es nicht. Ich sehe mich immer klein, wenn ich groß bin, und jetzt gerade sehe ich mich groß, obwohl ich hier sitze, mitten in der Nacht, betrunken, ohne Gepäck, ohne Geld, und etwas zieht mich nach unten, das ist die Schwerkraft, und das andere, das zieht mich nach oben, und das ist die Gnade.

...

ANTON In der Bibel steht, daß man nicht töten soll.
ERIKA Das gilt bloß für Menschen.
ANTON Gibt es eine Anmerkung zum sechsten Gebot. Gilt nur für Menschen. Wußte ich nicht.

ERIKA Die Jagd gehört in diese Gegend. Zu diesen Leuten. Das ist Teil ihrer Kultur.

ANTON Das sagen sie alle. Es würde zu ihrer Kultur gehören, ihre Hunde auf das Wild zu hetzen, sich mit Flachmann und Pausenbrot in einen Hochstand zu setzen, mit einer Langflinte und einem Präzisionszielfernrohr, für das sie ein halbes Vermögen ausgegeben haben. Für etwas anderes haben sie kein Geld. Man braucht sich bloß ihre Frauen anzusehen. Mit zwanzig tragen sie geblümte Polyesterschürzen aus der landwirtschaftlichen Genossenschaft. Mit vierzig tragen sie sie immer noch. Man zieht sie ihnen erst aus, wenn man sie in den Sarg legt. Die Leute hier oben sind unterentwickelt. Politisch und modisch.

Ganz gewöhnliche Scheißkerle sind das, sie hassen das Lebendige, das Wilde, und deshalb müssen sie sich in den Wald legen und abknallen, was wild ist und lebendig.

...

ERIKA Ich möchte sehr gerne noch etwas trinken.
Sie haben mich betrunken gemacht.
Fänden Sie das kitschig, wenn ich behaupten würde, daß ich noch nie so nüchtern war.

ANTON Allerdings. Fürchterlich kitschig.

ERIKA Aber es stimmt.

ANTON Dann ist es stimmiger Kitsch.

ERIKA Anton. Ich muß mit Ihnen schimpfen. Dieser Schnaps hat mich moralisch korrumpiert.

ANTON Männer finden das sehr anziehend. Die weibliche moralische Korruption.

...

ERIKA Seelbacher kommt nicht mehr.

ANTON Er kommt, ganz bestimmt.

ERIKA Sie haben überhaupt niemanden angerufen.

ANTON Natürlich.

ERIKA Lügen Sie nicht.

ANTON Erzähl du mir nichts von der Lüge. Eine Schwester in Polen. Krebs. Mir kommen gleich die Tränen.
ERIKA Ich dachte, du würdest mir sonst nicht helfen.
ANTON Nicht alles war gelogen. Wie schön deine Haare sind, und wie rot und voll der Mund, strahlend die Augen, sanft dein Gang, und wie etwas aus dir leuchtet, ein Licht irgendwie, ein Glühen, und daß an dir etwas Besonderes sein muß, und daß ich so etwas wie dich noch nie gesehen habe. Das war nicht gelogen. Nur daß ich es nicht zu Seelbacher gesagt habe, sondern zu mir selbst.
ERIKA Das ist aber Kitsch.
ANTON Aber wahrer Kitsch.

...

ERIKA Es wird Tag. Ich verpasse gerade mein Schicksal. Ich war auserwählt. In dieser Minute sollte ich Gott in Tschenstochau treffen. Und ich sitze hier und trinke Schnaps mit einem Tankwart. Der Herr wird mich vernichten. Wenn Er es nicht schon getan hat. Vielleicht ist das hier die Hölle. Das ist der fürchterlichste Ort der Welt. Frittengestank mitten in den Bergen.
ANTON Laß das Gejammer. Ist doch peinlich. Eine Frau in deinem Alter. Gehen wir lieber an die Arbeit.
ERIKA An welche Arbeit.
ANTON Kannst du formulieren.
ERIKA Wie.
ANTON Literatur habe ich genug. Cartmill: Tod im Morgengrauen; Samuelson: Ursprünge sozialer Gewalt, Meinerk: Der Mann und das Gewehr. Was du willst. Ich habe ein Kopiergerät in der Garage. Flugblätter drucken macht ziemlichen Spaß, man kann sich austoben, kreativ. Was sagst du.
ERIKA Kann ich noch einen Schluck haben.
ANTON Zierst du dich. Weil wir hier ein bißchen von der Welt sind. Das täuscht. Wir stehen mittendrin, mitten im Kampf, mitten in der Information. Mehr als vierhundert

Kanäle kriege ich mit meiner Schüssel. Warte. Hier habe ich etwas für dich. Einhundertvierundsechzig bis einhundertdreiundneunzig. Das sind die Missionssender. Jeder amerikanische Prediger hat seinen eigenen Kanal. Deine Leute sind bestens organisiert. Von euch kann man lernen, was Propaganda betrifft. Sprichst du englisch.

ERIKA It's really lovely to get drunk in the mountains.

ANTON Es geht um Ideen. Aktionen, Erika, mit Wirkung. Jagdgewehrverschrottung. Munitionstausch. Lodenverfilzung. Wildbeobachtung. Fotojagd. Ideen, Erika, das sind unsere Waffen.

ERIKA Unsere.

ANTON Deine und meine.

ERIKA Ich muß nach Tschenstochau. Versuch nicht, mich zurückzuhalten.

ANTON Du kannst hier Buße tun, an meiner Seite in Enthaltsamkeit leben. Man wird dich kennen als die Heilige von der Tankstelle. Unten an der Kreuzung steht eine kleine Kapelle, man hat sie für die Verkehrsopfer gebaut, die Kurven reizen die Motorradfahrer zu sehr. Ich laß dich in Ruhe. Ich bin ohnehin impotent vom Saufen. Weißt du, was das ist.

ERIKA Bin ja nicht vom Mond.

ANTON Falls du als Christin nicht im Konkubinat leben darfst, können wir von mir aus heiraten. Formhalber. Keine Sache.

...

ERIKA Mir ist übel.

ANTON Das ist die Luft hier oben. Sobald du dich daran gewöhnt hast, macht sie dich klüger. Das Blut wird dicker, das Hirn auch. Und dann erkennst du plötzlich Dinge, Zusammenhänge, und was dir vorher unverständlich schien, erklärt sich mit einemmal von selbst. Man ist dem Weltall näher.

...

Erika Ich hoffe bloß, dein Vorrat davon ist genügend groß. *Nimmt noch einen Schluck.*
Anton Schluß mit der Sauferei. *Er nimmt ihr die Flasche weg.*
Erika Laß das.
Anton Schluß. Aus mit dem Gejammer. An die Arbeit. Wir werden die Garage ausbauen. Eine kleine Cafeteria. Das kostet nicht viel. Die Ausflügler stehen auf Garagenchic. Und den alten Automaten rüsten wir auf Euros um. Also. Farbe muß irgendwo herumstehen. Du könntest dich um die Gäste kümmern. Würde dich das erniedrigen.
Erika Nur wenn ich eine Schürze tragen müßte.
Anton Was für eine Schürze.
Erika Eine Tankstellenschürze. Die gehen bis hierhin, knapp übers Knie, weiß, mit grünen Bördchen, und dazu trägt man eine Haube, in Grün. Und natürlich braune Stützstrümpfe.
Anton Das müßtest du nicht.
Erika Müßte ich eben doch. Und die Nägel kurz schneiden, und auch das Haar, die Wimpern zupfen, und flache weiße Schuhe müßte ich tragen. Das wäre sehr beschämend. Das würden die Gäste mögen.
Anton Ich bestimmt nicht.
  Mir wäre das peinlich.
Erika Peinlich. Gut.
Anton Du kannst das haben, wie du willst.
  Ich gehe mich jetzt rasieren. Und dann ziehe ich den blauen Anzug an, und dann mache ich dir einen Heiratsantrag. Offiziell. Und dann gehen wir schlafen. Und wenn wir ausgeschlafen haben, gehen wir an die Arbeit. Genug getrödelt. *Ab.*

…

Hermann kommt, mit tappenden Schritten, er ist übel zugerichtet, blutet aus den Augen und aus dem Bauch, die Kleider hängen in Fetzen von seinem Leib.

HERMANN Erika. Erika. Erika. Erika. Bist du hier. Ich kann dich spüren, auch wenn ich dich nicht sehe. Erika, ich habe Glas in meinen Augen, Hermanns Scheibe ist zerborsten, Splitter sprühten. Hermann hat in meinem Kopf Schutz gesucht.

Erika. Warum schweigst du.

ERIKA Geh weg.

HERMANN Ich bin zurück.

ERIKA Geh weg.

HERMANN Jetzt bleibe ich bei dir. Wir gehen zusammen nach Tschenstochau. Du und ich.

ERIKA Wo hast du die anderen gelassen.

HERMANN Sie sind tot, Erika.

ERIKA Tot.

HERMANN Ein Bild war auf einmal in meinem Kopf. Du warst das, du Erika, du hast gesagt, fahr weiter, Hermann, fahr schön, es wird dir nichts geschehen, vertraue nur. Du bist im Kopf drin, Erika, immer noch in meinem Kopf drin. Den Motor habe ich plötzlich nicht mehr gehört, nur ein Vibrieren habe ich noch gespürt, ein sehr feines, starkes Zittern. Und alles hat diese Vibration übernommen, die Karosserie zuerst, und ich selbst auch, ich kenne das von Hermann, das macht er manchmal, man versteht und hört sonst nichts mehr, als säße man in einer Geige oder in einer Gitarre. Wer singt. Da singt doch wer. Jetzt singen sie plötzlich, laut, Lumpenlieder. An der Nordseeküste und Alle Vögel sind schon da, alle Vögel, alle. Ich kenne diesen Geruch, ein salziger Geruch, kalter Schweiß, als säße man nach einem Waldlauf in seinem eigenen Sportschuh. Das bin ich. Und wie bekomme ich Hermann von der Straße, der will das doch nicht. Bleib auf deinem Weg, hast du gesagt, auch wenn der Weg nirgendwo hinführt, in meinem Ohr hatte ich dich, Erika, bleib dir treu, du mußt dorthin, wo der Herr dich hinträgt, frage nicht, frage nicht. So ein braver Bus. Muckt nicht, einfach schön weiter geradeaus. Durch die Leitplanke. Jasmin kommt geflogen, von ganz hinten, wie ein Spatz fliegt sie in die Scheibe, rums, und den Kopf kickt es ihr zur Seite. Da habe ich etwas von Jasmin auf meinem Hemd.

ERIKA Was ist mit Karl.

HERMANN Keine Angst, er kommt nicht wieder.

ERIKA Du hast ihn umgebracht.

HERMANN Karl war nicht gut zu dir. Jetzt brennt er. Es riecht dort unten wie eine Friteuse, vom Rapsdiesel. Mein Hermann brennt. Er brennt lichterloh.

ERIKA Warum bist du nicht im Bus. Du solltest mit ihnen verbrennen.

HERMANN Ich war eben angegurtet.
Ich will mit dir nach Tschenstochau, Erika, ich will auch beten und dem Herrn dienen.

ERIKA Ich fahre nicht nach Tschenstochau. Ich bleibe hier.

HERMANN Du mußt, der Herr hat es befohlen.

ERIKA Es ist zu spät. Gott hat mich verlassen.

HERMANN Wir können es schaffen. Noch haben wir ein paar Stunden. Wir nehmen Antons Wagen.

ERIKA Zu spät, Hermann, warum bist du nicht früher gekommen.

...

ERIKA Ich bleibe bei Anton.

HERMANN Das ist ein Säufer, Erika, er ist nicht gut für dich. Ich kann ihn riechen, seinen Enziandunst. Geh weg, du, laß deine Finger von ihr.

ERIKA Da ist niemand. Nur ich.

HERMANN Ich rieche ihn doch.

ERIKA Das bin ich, die du riechst.

HERMANN Du trinkst nicht, du doch nicht, Erika. Hat er dich trinken gemacht. Du nimmst doch keine Drogen. Er hat dir diesen Schnaps gegeben, damit du bei ihm bleibst. Er ist nicht gut für dich.

ERIKA Er hat mir jedenfalls keine Hand gebrochen.
HERMANN Das war in meinem alten Leben. Da war ich noch nicht verändert.
ERIKA Du bist nicht verändert.
HERMANN Sag das nicht, Erika. Sag das nicht. Den alten Hermann habe ich begraben. Er war ein guter Fahrer, aber er war ein schlechter Mensch. Er hat sich verwandelt in einen guten Menschen und in einen schlechten Fahrer.
ERIKA Immer noch dasselbe Scheusal.
HERMANN Und was ist es, das ich in meinem Herzen fühle.
ERIKA Du hast kein Herz.
HERMANN Da ist der Liebegott. Der süße Jesus Christus. Du wirst sehen. Wir gehen nach Tschenstochau. Du und ich. Wir nehmen Antons Wagen.
ERIKA Du siehst nichts, Hermann.
HERMANN Den Weg nach Tschenstochau finde ich blind. Der Herr wird mich führen. Wir haben keine Zeit zu verlieren. Hol du den Schlüssel. Ich will mich bloß kurz hinsetzen. Einen Moment ausruhen.
Du bist auserwählt, Erika, du bist eine Heilige. Du wirst unsere Welt erlösen. Aber dazu müssen wir nach Tschenstochau. Der Herr ist dort. Der steht sich da schon die Beine in den Bauch.
ERIKA Wenn ich es wäre, er hätte mich nicht hierher geschickt.
HERMANN Zweifle nicht an seinen Plänen. Du bist die Auserwählte.
ERIKA Du hattest recht. Ich habe keinen Auftrag. Ich bin absichtlich in deinen Bus gestiegen. Ich will in Polen Stoff besorgen. Das habe ich schon oft gemacht. Einfach eingestiegen und mich versteckt. Die polnischen Fahrgäste haben mich noch nie verraten. Aber dann bin ich in den falschen Bus gestiegen.
HERMANN Laß uns beten.
Mein Herr Jesus Christus. In deine Hände lege ich mein Leben, meine Zuversicht.

ERIKA Laß das.
HERMANN Das hast du mich gelehrt.
  Ich weiß, ich habe gesündigt und gefehlt.
  Sprich mir nach.
ERIKA Du sollst still sein.
HERMANN Er wird dir den Glauben zurückgeben, wie mir.
ERIKA Ich habe ihn längst verloren, Hermann.
HERMANN Ich weiß, ich habe gesündigt und gefehlt. Aber ich bitte dich, tritt nun in Erikas Herz, sie ist ein Mensch, erfülle es mit Gnade.
ERIKA Still. Still.
HERMANN Was ist das. Da ist alles so feucht. So naß. Ist das mein Blut. Erika. Ja. Vielleicht mußt du alleine gehen. Du mußt nach Tschenstochau. Versprich es. Du darfst nicht hierbleiben. Wenn du nicht gehst, werde ich dich verfolgen, Erika, bis in alle Ewigkeit. Ich werde persönlich dafür sorgen, daß du in der Hölle schmorst. Nach Tschenstochau. Das ist dein Auftrag. Sofort. Du darfst nicht hierbleiben. Versprich es mir.
ERIKA Anton braucht mich.
HERMANN Anton ist verloren, Erika. Du kannst ihn nicht retten. Geh nach Tschenstochau. Mach dich auf den Weg. Wenn du gleich gehst, wirst du rechtzeitig dort sein.
ERIKA Verlang das nicht von mir.
HERMANN Der Herr selbst verlangt es von dir. Versprich es.
ERIKA Meinetwegen.
HERMANN Du mußt es sagen, kleine Schummlerin. Sags.
ERIKA Ich verspreche es.
HERMANN Sag: Ich verspreche, auf der Stelle nach Tschenstochau zu fahren.
ERIKA Ich verspreche, auf der Stelle nach Tschenstochau zu fahren.
HERMANN Jetzt wird alles gut. Und immer schön die Fahrkarte bezahlen, meine kleine Schwarzfahrerin. Wer steht denn da. Da steht ja meine Emmy, meine Emmy.
Er stirbt.

...

ANTON *tritt aus dem Haus. Er trägt einen Anzug, ein frisches Hemd, und er ist rasiert.* Dieser Anzug ist vielleicht ein bißchen gewöhnlich. Aber das macht nichts. Wir werden jetzt ohnehin ein bißchen gewöhnlich. Normal. Aber nur zur Tarnung. Auf den Schlips wirst du allerdings verzichten müssen. Ich bin zu betrunken, einen Knoten kriege ich nicht mehr hin. Erika. Erika. Erika.
So wird es dunkel.

FÜNFTENS

An einem Ort, der aussieht wie ein Schlafsaal, ähnlich jenem im Passantenheim am Glowny Rynek in Tschenstochau, und es könnte an einem gewöhnlichen Montag sein, nachmittags, in einer schläfrigen Stunde, keiner ist wach, niemand ist da. Unbekannte haben eine ziemliche Unordnung hinterlassen, Laken liegen zerknüllt auf den Betten, der Kehrichteimer ist umgestoßen, ein Fenster steht offen, sogar das Kruzifix an der Wand hängt schief. Eine Alte geht auf und ab. Sie ähnelt entfernt der Dicken aus dem Bus. Einer liegt im Bett, versucht zu schlafen. Seine Stimme erinnert an Hermanns Stimme. Erika sitzt auf einem Schemel, sie trägt noch ihren Mantel.

DIE ALTE Wir waren hunderttausend. Mindestens. Wir standen auf dem Glowny Rynek, wir standen auf der Bohaterow Getta, in den kleinen Gassen, eine Christenseele an der anderen. Das war ein Tag. Die heilige Sophie. Gestern. Du warst hier.

EIN MANN Ruhe. Das hier ist ein Schlafsaal.

DIE ALTE Das hätte ich um nichts in der Welt verpassen wollen. Dieses Feuer. Dieser Atem. Die heilige Sophie war in allen. Unvergeßlich.

ERIKA Ich wurde aufgehalten.

DIE ALTE Das Heiligste, was ich in meinem Leben gesehen habe.

ERIKA Obs noch ein Bett gibt für mich.

DIE ALTE Such dir eines aus. Laken gibts am Empfang. Frühstück von fünf bis neun.

ERIKA In der Stadt ist eine ziemliche Unordnung. Die Leute schlafen auf der Straße. Überall liegt Abfall herum.

DIE ALTE Das ist eine Kraft, wenn so viele tausend Menschen zusammenkommen. Manche haben geheiratet. Das war hübsch. So dreißig Bräutchen in einer Reihe. Und kostenlosen Tee gab es auch. Mit Zimt und Zitrone. Aber es hieß nicht, wer ihn gekocht hat. Und deshalb habe ich ihn nicht angerührt.

Ein Mann Ich bitte um Ruhe.

Die Alte Hätte ich besser getan. Abends bin ich dann ausgetrocknet. Sie brachten mich ins Krankenzimmer. So etwas Schönes. Schöne Nonnen, in einem Zelt, beim Fluß, auf dem Schwemmland.
Hunderttausend Christen. Das ist ein wahres Gefühl, so unter sich zu sein.

Erika Es riecht ziemlich übel. Nach Abfall. Und ich sah viele Betrunkene. Schon am Bahnhof. Ich sollte besser wieder gehen. Wo fahren die Busse.

Die Alte Was bist du eigentlich. Bist du überhaupt Christin.

Erika Was geht Sie das an.

Ein Mann Ich flehe um Ruhe.

Die Alte Sie sind keine Christin. Ich sage dir, Mädchen. Wer nicht erkennt, daß unser Herr Jesus Christus sein Blut für uns vergossen hat, der wird nicht in das Himmelreich kommen. Bist du eine Jüdin. Oder liest du den Koran. Schande. Was ist das für eine Religion, die den Gläubigen sagt, sie sollen keine Schweine essen, und sie gleichzeitig in den heiligen Krieg schickt.

Erika Das sind die Extremisten, es gibt andere.

Die Alte Ich mag euch Mohammedaner nicht, dazu stehe ich, aber eines muß ich ihnen lassen: die Männer haben Schneid. Sie haben Prinzipien, falsche zwar, aber immerhin Prinzipien. Etwas, wofür sie kämpfen. Sie kämpfen gegen uns Christen. Und sie werden keinen Unterschied machen zwischen Ihnen und zwischen mir. Nur eins wird uns gegen diese Irren helfen. Tiefer, bedingungsloser Glaube. Wenn wir nicht fest sind im Glauben, wird uns die Kraft und die Überzeugung fehlen. Aber den Mohammedanern wird sie nicht fehlen, verlassen Sie sich darauf. Die brennen darauf, ihren Schöpfer zu sehen.

Schweigen.

Na, sie werden lange Gesichter machen, wenn ihnen nicht Allah gegenübertritt und keine vierzig Jungfrauen, sondern Gottvater, Jesus Christus und der Heilige Geist. Halleluja. Ich will dafür beten, daß Jesus ein gutes Wort beim Gottvater einlegen wird, denn sonst geht es ihnen schlecht, das kann ich Ihnen versichern. Unser Vater kennt kein Pardon, er wird einen sauberen Schnitt machen, und wir haben da so einige Vorbilder, man erinnere sich an Jericho, Sodom, Gomorrha. Unser Gott läßt sich nicht alles bieten. *Sie kniet sich neben ein Bett.* Herr im Himmel, wenn diese falschen Mohammedaner zu dir in den Himmel kommen, weil sie sich in die Luft gesprengt haben oder was weiß ich für eine Schandtat begingen, dann gib ihnen bitte noch eine Chance, und jage sie nicht gleich zum Teufel. Darum bitte ich dich, deine Dienerin, denn sie wissen nicht, was sie tun.
Stille.
Da schau, das habe ich gekauft. Die heilige Sophie. Aus reinem Gold. Geweiht mit dem Altarwasser der Schwarzen Madonna von Tschenstochau. Sehr heilig.
Willst du sie küssen.
Ich würde es erlauben.
Dann gehts deiner Hand gleich besser.
Erika Gehen Sie weg.
Die Alte Du Kleingläubige.
Erika Was hats gekostet.
Die Alte Spielt keine Rolle.
Erika Sag schon.
Die Alte Da ist der Heilige Geist drin.
Ein Mann Ruhe. Stille. Alles dafür. Wirklich alles.
Erika Hast du das am Rynek gekauft.
Die Alte An der kleinen Kapelle.
Erika Soll man nicht. Da stehen falsche Mönche rum. Steht doch in jedem Reiseführer.
Die Alte Ein Kopte aus Afrika wars. Ein uralter Christ.
Erika Ein verkleideter Pole. Das ist kein Gold. Das ist gewöhnliches Blech.

DIE ALTE Lügnerin.
ERIKA Beiß drauf, dann siehst dus.
DIE ALTE Ich beiß doch nicht in die heilige Sophie.
ERIKA Gib her. *Sie beißt in die heilige Sophie.*
DIE ALTE Was tust du. Beißt in meine heilige Sophie. Du Antichrist.
Sie geraten sich in die Haare.
DER MANN Ruhe. Ruhe.

Erika und die Alte rangeln bis zur Erschöpfung, dann lassen sie voneinander ab. Erika nimmt ihren Mantel und geht ab. Die Alte sucht nach der heiligen Sophie, sie hat sie im Gerangel verloren. Sie findet sie nicht und weint ein bißchen. Und sitzt dann ruhig und still.

DER MANN Schön. Das ist schön. Diese Ruhe. Wie im Himmel.

Fin de la bobine.

Meienbergs Tod
Eine Groteske
Uraufführung am 20. April 2001
Theater Basel
Regie: Samuel Schwarz

Die sexuellen Neurosen unserer Eltern
Schauspiel
Uraufführung am 13. Februar 2003
Theater Basel
Regie: Barbara Frey
Weitere Inszenierungen:
Städtische Bühnen, Osnabrück; Nationaltheater Mannheim; Stadttheater Gießen; Theater Graz; Schauspielhaus Bochum; Staatstheater Stuttgart; Thalia Theater, Hamburg; Théâtre des Capucins, Luxemburg; Ulmer Theater; Theater Basel

Der Bus (Das Zeug einer Heiligen)
Schauspiel
Uraufführung am 29. Januar 2005
Thalia Theater Hamburg
Regie: Stephan Kimmig
Weitere Inszenierungen:
Theater Bern; Theater Basel; DT Göttingen; Thalia Theater, Hamburg; Theater Ingolstadt; Schauspielhaus Köln; Staatstheater Nürnberg; Schauspielhaus Salzburg; Burgtheater, Wien; Schauspiel Wuppertal; Landesbühne Esslingen

Auslandslizenzen/Übersetzungen:
England, Ecuador, Finnland, Frankreich, Griechenland, Italien, Luxemburg, Niederlande, Polen, Rumänien, Russland, Ungarn, Schweden, Slowenien, Tschechien, Bulgarien
Sämtliche Aufführungs- und Medienrechte liegen bei der
HARTMANN & STAUFFACHER GmbH.

Bibliografische Information Der Deutschen Bibliothek
Die Deutsche Bibliothek verzeichnet diese Publikation in der
Deutschen Nationalbibliografie; detaillierte bibliografische
Daten sind im Internet über http://dnb.ddb.de abrufbar.

Zweite Auflage 2005
© Wallstein Verlag, Göttingen 2005
www.wallstein-verlag.de
Alle Aufführungs- und medialen Rechte
bei HARTMANN & STAUFFACHER GmbH
Vom Verlag gesetzt aus der Stempel Garamond
Umschlaggestaltung: Susanne Gerhards, Düsseldorf
Zeichnungen (Umschlag und Zwischentitel):
Michael Günzburger, Zürich
Druck: Friedrich Pustet, Regensburg
ISBN 3-89244-904-x